18歳を市民に

高校生を市民にする実践を
学校を越えて語り合い、聴き合います！

あなたも**高生研**へ

（全国高校生活指導研究協議会）

★年会費 6,000 円（銀行引き落としで納入）
★会員には、本誌（年２回発行）と会員通信（年２回発行）が送付される。
★会員申し込みは、事務局：info@kouseiken.jp まで。

高生研研究指標（1997 年８月１日決定）

1　私たちは、憲法と教育基本法の平和と民主主義の理念を今日的に発展させる立場から、人権の発展を目指すグローバルな動向に学び、すべての子ども・青年の個人的権利と集団的権利の実現につとめ、民主的な高校教育を追求する。
2　高校生が学校をはじめとした生活の中で、多様で豊かな社会関係をとり結び、主体的・創造的な学びを獲得し、他者と共存・共生するわざや見通しを身につけるよう指導する。
3　高校生が自治的な諸活動をつくり出し、青年・父母・市民と協同・連帯して社会の発展に参加する中で、社会の民主的形成者としての品性と自治的能力を身につけるよう指導することを原則とする。
4　個の成長と集団の発展の関係に着目した「集団づくり」の実践的伝統を引き継ぎ、国家および市場による教育支配に対抗しうる文化・社会・学校を創造する新たな実践の筋道を探る。
5　広く子ども・青年、父母、地域住民、近接領域の専門家と交流・提携しつつ、教育慣行と教育政策・制度の民主的転換に取り組み、10 代の子ども・青年の自立に関わるすべての教育機関の総合的発展に寄与する。

（注）指標１にある「教育基本法」とは、1947 年３月 31 日に公布されたものである。

高校生活指導　2024年217号

18歳を市民に

表紙・本文デザインレイアウト／岡崎健二

「18歳を市民に」
高生研 第62回 全国大会2024 大阪大会を準備中

2024年に大阪商業大学で全国大会を行います。

新型コロナウィルスの影響で、制約があった教育活動も次第に実施されるようになりました。「対面で話をする」ことがいかに大切か、痛感している方も多いと思います。前大会の、第61回2023東京大会では対面で１３０名の方々にご参加いただきました。教育実践について熱く議論して学び合う、まさにコロナ渦以前の、高生研全国大会が戻って来たような大会でした。

大阪大会でも、東京大会のコンセプトを引き継ぎ「対面で参加したくなる大会」を、目指します。もちろんオンライン対応もします。オンライン設定は「少しでも多くの人に、大会に参加していただき、高生研の学びを深めたい」という意気込みで取り組みます。会場は、最寄駅から徒歩３分の大阪商業大学の新校舎です。内容は「食い倒れ」ならぬ「学び倒れ」が起きそうな教育実践をめぐる議論が起こります。そして大阪の現地実行委員会による企画も盛りだくさんです。夏の大阪大会へ、ぜひお誘いあわせの上、ご参加ください。

会期　２０２４年8月2日（金）から8月4日（日）の3日間

会場　大阪商業大学（大阪難波より近鉄（奈良方面）「河内小阪」駅、徒歩３分）

参加費　全日程(３日)参加 4,000円　２日参加 3,000円　１日参加 2,000円
高生研会員（※会員会費還元により１～３日参加一律）2,000円
学生・保護者 1,000円（ただし大会実行委員として参加した場合は無料）
オンライン参加（紀要はダウンロード、参加分科会は申込時に申請）1,000円

主催　全国高校生活指導研究協議会

日程

8月2日 金						
受付 9:30～	プレ企画 記念講演	受付 12:30～	全体会 13:00～17:00	休憩	交流会＊ 18:00～20:00	

＊交流会の種類によっては早めに始まるものもあります

8月3日 土					
一般分科会 9:00～12:30	昼食休憩 12:30～13:30	一般分科会 13:30～17:00	休憩	総会 18:00～20:00	

8月4日 日			
問題別分科会 9:00～12:00	別れの集い 12:10～12:50		※オプショナルツアー

日程の詳細については、
今後変更になる場合があります。
随時、下記HPにてご確認ください。

問い合わせ・申込先

参加申込は、５月以降にスタートさせます。高生研ＨＰ（http://kouseiken.jp/）にアクセスして、情報の更新をチェックしてください。
ご不明のことがあれば、高生研全国大会チーフ 中西　治 taikai-chief@kouseiken.jp までお問い合わせください。

特集1

プロジェクトでわくわくするとき

かつて、里見実は「教育は『プラン』ではなく、『プロジェクト』なのだ。『プラン』は指導者に既定されたゴールに生徒を導こうとするものだが、『プロジェクト』は元々『（身を）投げ出す』という意味を持ち、指導者も生徒もたどり着く先はわからない現実を共に探究しながら、わくわくする冒険的要素を孕んでいる」と語りました。

型が先行するプロジェクト学習に陥らずに当事者が「主体」となるには、どのような教師や生徒による働きかけや対話があったのか4本の実践から探ります。

特集1 プロジェクトでわくわくするとき

実践記録①

高校生が一般質問で地域を動かした

―模擬議会の取り組み―

青森県立三沢高等学校　酒田　孝

1　はじめに

六戸高校は2023年3月末を持って閉校した。昨年度の生徒は3年生だけで、全校生徒は2クラス41名であった。2022年12月16日、六戸高校の生徒が六戸町の模擬議会で一般質問を行った。生徒達は12の班に分かれ、「現代社会」や「総合的な探究の時間」などを使って準備を進めた。そして最終的には町の執行部側が休憩を要求するような鋭い一般質問を行った。この模擬議会を通して生徒達は政治をリアルに学んだと同時に、地方の自治体が抱える課題も深く知ることができた。そして、生徒の提案のいくつかは実際に予算がつき実現することになった。生徒たちの質問と活動は町議会や地域にも大きな影響を及ぼした。

2　学校と地域のつながり

私は閉校が予定されていた六戸高校で、2019年「さつき沼ビオトープ・プロジェクト」を担当した。このプロジェクトは地域の有志の方々と一緒に、学校に隣接する公園に大規模なビオトープを作るもので、実に4年間を費やし、2022年4月にビオトープは完成した。キーパーソンは、学校評議員のMさんで、Mさんは学校のOBで新人町議会議員でもある。私は、町役場との交渉や予算の獲得、研究者や地域の協力者との連絡調整に奔走した。プロジェクトは単なるビオトープ作りに終わらず、メイプルシロップの製造と商品化、２００本のイタヤカエデの閉校記念植樹、貴重な動植物の発見と保護、地域おこしイベント、小中学生徒の交流などに広がっていった。２０２２年、町で初めてのＮＰＯ法人「ＮＰＯ法人ろくのへ自然塾」が設立された。このＮＰＯ法人には地域の役場職員、退職校長、大学研究者、町議員など多彩なメンバーが集まり、私と校長も法人の理事になった。ＮＰＯ法人は現在、ビオトープの維持、自然環境イベント、小中学生への環境学習など活発に活動している。

3　模擬議会の開催

六戸町議会は若い人との意見交換会などの交流事業を毎年おこなっている。２０１６年（高校３年生に選挙権が付与された年）には六戸高校に議員が出向いて３年生と六戸町の未来について、意見交換をワールドカフェ方式で行った。今回、コロナ禍が続く中で高校生による模擬議会を企画し、呼びかけてくれたのもＭさんである。企画や手配はＭさんと教務が担い、私は主権者教育、「現代社会」の担当者として校長から要請を受けた。議会と学校をよく知るＭさんは模擬議会のコーディネーターとして精力的に動いてくれた。

4　模擬議会の経過

２０２２年

１月12日　議長、副議長、Ｍさん、議会事務局長が来校
　　　　　模擬議会の要請
４月６日　第１回職員会議で模擬議会に取り組むことが
　　　　　提案される
５月９日　教務から議会傍聴の要項発表
５月27日　午前：町議会について学習　午後：町議会議
　　　　　員と生徒の顔合わせ
６月７日　議会傍聴
７月８日　テーマと班わけ決定
７月11日　議会事務局と打ち合わせ
７月19日　議員との打ち合わせ①（班の担当議員と顔合
　　　　　わせ・質問について検討）
７月21日　質問のテーマについて話し合い
９月13日　具体的な質問づくり質問「フォーマット」
９月14日　Ｔさんのお話

9月22日　インドネシア実習生のお話
10月3日　Mさんのお話
10月5日　議員との打ち合わせ②（町役場担当課へ質問「フォーマット」完成）
10月14日　六戸町役場との調整会議
11月18日　議員との打ち合わせ③（質問通告書完成・再質問準備）
11月18日　『デーリー東北』にインドネシア実習生についての記事掲載
11月30日　質問通告書提出
12月1日　「再質問フォーマット」
12月9日　模擬議会プレリハーサル（生徒だけ）
12月14日　模擬議会リハーサル（議員も参加）
12月16日　終日　六戸町模擬議会開催
12月23日　『デーリー東北』掲載「町の課題　質問や提言六戸高生が模擬議会」
12月31日　『東奥日報』掲載「町の課題　若者目線で指摘六戸高生が模擬議会」
2023年
1月1日　『県南新聞』掲載「六高生が六戸町の未来ただす」
2月3日　『ろくのへ議会だより』№115模擬議会特集発行
2月19日　文部科学省から取材

5　議員との顔合わせ・議会傍聴

5月27日、12名の議員と議会事務局が来校して、班に分かれ生徒と懇談した。私は、50～70代の議員と高校生では話題が噛み合わないと考え、サイコロを使って生徒が議員に質問するゲーム形式にした。授業では、「町議会とは何か」について学び、班に分かれて、議員に聞きたい「質問」を1人5問出して、最終的に6つに絞り、発泡スチロールのサイコロの6面に質問を記入した。「なぜ議員になろうと思ったか？」「給料はいくらか？」「初恋の話」などである。この質問形式は予想外に盛り上がり議員からも大変好評であった。

6月7日、生徒達と議会を傍聴した。3名の議員が一般質問に立っていた。通常、一般質問は質問の形式で政策提案をするが、この日の質問は単純な「質問」が多く、緊張感のない散漫な印象をうけた。また、12名の議員は皆男性で、答弁をする町長や執行部側も皆男性であったことに違和感を覚えた。

6　班分けとテーマ決め

「現代社会」の授業では、毎年ＳＤＧｓについて調べ発表させている。一人一人がＳＤＧｓのゴールの1つをインターネットで調べてスライドで発表する。発表後、スライドは印刷して廊下に掲示している。

7月8日に各クラス3～4人で、2クラス合計12の班を作った。班の一人が質問する議員役となり、残りの生徒はサポート役に回る。それ以外に議長役の生徒が1名選ばれた。大テーマはＳＤＧｓをベースに①農業・産業振興、②教育・子育て、③少子化対策・まちづくり・移住促進　④男女共同参画社会・ダイバーシティ、⑤舘野公園とビオトープ、⑥地球温暖化・カーボンニュートラルな社会とした。キーワードを与え、各班は大テーマの中から自分達の質問テーマを考えたが、知識がないと難しい。質問がダブらないように、あらかじめ各班に仮テーマを示し、そのままでも変更しても可とした。

7　第1回打ち合わせ

生徒の班と大まかなテーマが決まり、各班の生徒と担当する議員の第1回打ち合わせが行われた。議員主導で質問の絞り込みが行われたが、農業の六次産業化について質問を準備していた班が、議員から「あなたたちが起業すればいい」と言われたと混乱した様子で相談に来た。Ｍさんによると、議員には一度も質問をしたことがない人や今回の模擬議会を理解していない人もいるという。

8　町民からのヒアリング

学校は夏休みに入った。質問づくりのイニシアチブは議員にあまり期待できないので、住民からのヒアリング↓地域課題の発見↓政策立案↓質問という手順を考え、住民からのヒアリングを企画した。Ｍさんは町内に住むインドネシア研修生を探してくれた。こうして夏休み明けに4回のゲストティーチャーによる授業が行われた。

ジェンダーと外国人問題は今回の目玉になるという予感があった。9月14日は、子育て中のお母さんＴさんである。小さな子どもが安全に遊べる場所がない、若いお母さんが子連れで集まれる場所がない、学校統合したら遠隔地の友達とはオンラインゲームで遊ぶしかない、近くに児童館が必要、町内にアパートがほとんどないので離婚した女性は住む場所がない、などの子育て中のお母さん目線の課題をたくさん話してくれた。22日のインドネシアからの研修生6人がヒアリングに参加した。そのうち2人は2年目、4人は来日してまだ2ヶ月ということだった。交通手段がなく買い物に行くのが大変、日本人と交流する機会がない、円安で給料が目減りしていることなどを話してくれた。生徒たちは自分達と同じ年代の外国人が身近なところで働いていることに驚いていた。

9　質問づくり・第2回打ち合わせ・役場との調整会議

授業では質問づくりが始まった。政策を立案し、そこから質問を作るために「質問フォーマット」を作成した。子育てと外国人との共生の班はTさんやインドネシア研修生の話から地域課題を見つけ、そこから政策を考えていった。農業問題や起業などに関しては、担当の議員がかなり専門的なアドバイスをしてくれた。それ以外の班は、私が課題や資料を提供していった。各班の質問の方向性は次のように決まった。

・農業問題の班は耕作放棄地や農業後継者不足の問題、試し移住プランについて質問する。
・農業の6次産業化の班は、六戸町の農業六次化が他市町村に比べて大きく遅れている、特産の鶏(シャモロック)の一貫生産、直営レストラン経営を質問する。
・観光による地域振興班は、当初「公園をビオトープ化する」政策を考えていたが、すでに公園のビオトープはできているので、担当の議員Mさんから却下され、「公園にドッグランを作る」方向になった。
・子育ての班は、Tさんの話を受け、広域から集まった子どもたちが、放課後や休みの日に行ける児童館を作る政策を考えた。
・教育問題班は、青森県内の市町村で広がっている給食費無償化について質問することになった。
・外国人との共生班は、インドネシア人研修生の話から、交通弱者に対してオンデマンドバスを提案する。
・ジェンダー平等班は、町のHPの男女共同参画推進計画に役場の女性管理職割合、男性の育児休暇取得率などの数値目標がない、国や県にくらべて遅れていると批判し、具体的な政策を提案する。

・少子化問題班は、Tさんの話を受け、若い女性を増やすための若い人が交流できるカフェを提案する。
・同じ人口問題の班は、若者がUターンしやすいまちづくりをテーマに起業支援について質問する。
・環境問題班は、六戸高校跡地に建設予定の義務教育学校の環境問題配慮が不十分と考え、環境と災害に配慮した学校づくりを提案する。
・もう一つの環境問題班は、六戸町がゼロカーボンシティ宣言を行なっていないことを発見し、ゼロカーボンシティ宣言を行い、公用車に電気バス導入することを提案する。
・ビオトープ班は、六戸高校が開発・製造したメイプルシロップによる町おこしについて質問することになった。

10月5日、議員との第2回打ち合わせは、質問内容の決定と調整会議(町役場の担当課への聞き取り)の準備だった。質問は「担当課への質問フォーマット」に記入する形で進めた。質問内容によって、どの課のどの部署から何を聞けばいいか、議員のアドバイスが大きな力になった。「担当課への質問フォーマット」を整理し、町役場に提出し、町役場との調整会議に臨んだ。

町役場との調整会議は、町役場の全課長、質問した部署の担当者、議員全員が参加した大規模なものになった。生徒たちは各班のテーブルに説明に来た担当者や課長から貴重なデータなどを入手することができた。役場の男性職員の育休取得率は0％で、過去に育休を取得した例がないこと、町内には149名の外国人が住んでいて実に人口の1・5％にも及ぶこと。さらに、環境問題の班では、新校舎の計画に「エコスクールプラス」(環境に配慮した校舎新築に対し8％の加算措置)の取得が盛り込まれていたが、取得できなかった。その理由は、「ゼロカーボンシティ宣言」などの町の環境取り組み実績がなかったためであったことが判明した。

10　第3回打ち合わせ・質問通告書の完成・議員の女性蔑視発言

質問通告書の提出が11月30日だったので、その前は授業のほとんどを質問の完成と再質問作りに費やした。11月18日の議員との第3回打ち合わせは、質問通告書の最終決定と再質問の仕方の作戦会議であった。議員によって温度差があり、資料を用意して丁寧に指導してくれる議員もいれば、ほとんどアドバイスをしない議員もいた。私は、各班から出された質問通告書をテキスト化して議会事務局に提出した。ちなみに、事務局との中には、「質問がない課があるので、質問を追加してほしい」という要望もあり、公園のキャンプ場トイレの洋式化の質問などが盛り込まれた。

第3回打ち合わせの後、ジェンダー平等の班の議員役Rさんが泣きながら私のところに来た。理由は、担当議員が①男女共同参画の政策を全否定した、②管理職になれないのは「女は能力がない」からだと言われた、③一般質問は「町長のためであり、質問では余計なこと（質問の背景など）は言わなくていい」と、言われたことだった。生徒の保護者からも議会事務局に抗議の電話があった。第2回打ち合わせでも「女は能力がない」と言われ、生徒たちはひどく憤慨していたという。ほどなく議員本人から私に謝罪の電話があった。また、コーディネーターのMさんも謝罪に来た。学校側としても対応を検討した。私は生徒が何らかの意思表示（抗議など）を希望するのであれば、議場での抗議発言や抗議文の提出などを指導しようと考えたが、結果的には、①当該班の生徒に対し当該議員が謝罪する、②当該議員による生徒への接触は今後行わないということになった。そして、リハーサルの場で班の生徒に対し当該議員が謝罪をした。

11 再質問に向けた準備・2回のリハーサル、そして模擬議会本番

ようやく質問ができあがった。質問は冒頭で一方的に原稿を読み上げるので簡単だが、再質問は町長が答弁したあと、その答弁の内容に合わせてその場で再質問を組み立てる必要がある。よほど理論武装しないと難しい。私は「再質問フォーマット」に町長答弁を予測させ、再質問を何パターンか準備させたが、結局、最後は出たとこ勝負となった。

模擬議会の前に議場を使ったリハーサルが予定されていたが、その前の週、急遽、議場でプレリハーサルができることになった。コーディネーターのMさんと議会事務局が立ち会い、生徒の質問レベルが予想以上に高いと驚いていた。

リハーサルには全議員と議会事務局が参加した。12月16日は終日模擬議会が行われた。12名の生徒が1人20分の持ち時間で質問し、町長をはじめとする執行部側が答

弁した。議長をしたSさんは堂々としていて立派だったし、生徒たちも落ち着いて質問した。再質問では、町長の答弁に対して議員の生徒が鋭い再質問を行ない、それに対し執行部が答弁できず休憩になる場面もあった。一方、町長が質問者に助け舟を出す場面も見られた。

ジェンダー平等の班のRさんが、再質問に「この場にいる人を見ると議員さんも課長さんも全員男性で、男女共同参画の担当者も男性でした。少なくとも担当者を女性にするべきだと思います。今の六戸町の現状や改善しなければいけないところが見えてくると思います」と言うと議場内からどよめきと笑いが起こった。町長は「私どもは、あえて女性を省いて男性にしたとか、そういうわけではございません」などと逃げの答弁を行った。結局、ジェンダー平等については目標数値を入れる方向で検討する、環境問題についてはゼロカーボンシティ宣言を実施する、公園のキャンプ場のトイレの洋式化などの公園整備を行うことなど、前向きな回答を引き出すことができた。

議員や議会事務局、町の執行部は、生徒の質問が簡単で、時間が大幅に余ると思っていたようだったが、実際には議長のSさんが時間がないので発言をまとめるように促す場面が何度もあり、執行部側が答弁に窮する場面もあったりするなど予想以上に内容のある質問をすることができた。また、ジェンダー、農業の六次産業化、外国人との共生などのテーマの質問は町議会で前例がなかったらしく、驚かれた。模擬議会には、学校で生徒に話しをしてくれたTさんが様子を見に来てくれ、自分の話を生徒が政策にまとめ質問してくれたことに感激していた。さらに、地元の新聞社も3社取材に来ていて、後日各社が比較的大きな記事で模擬議会の様子を掲載した。また、議会事務局が作った町議会の広報誌2月号には模擬議会の様子が8ページにわたって詳細に掲載された。

5年前、高校が地域に対して消極的だというMさんの指摘から始まったビオトーププロジェクトは、四者協議会の開催、模擬議会へと発展し、閉校後はNPO法人に引き継がれ、今や地域を動かす大きな力となりつつある。

（さかた　たかし）

実践記録②

みんなが自分らしく生きていける学校を生徒とつくる
―多様性を認め合える教育プロジェクトの挑戦―

自由の森学園中学校・高等学校　菅　香保　畑佐　愛　福島絵里子

自由の森学園がある埼玉県飯能市は、古くから豊かな自然の恵みを受け、森や川と市街地が共存する文化を育んできた街です。点数序列や競争原理に頼らない教育を掲げ「自由」の意味を問い続ける本校は、２０２４年度に開校40周年を迎えます。

私たちが活動する「多様性を認め合える教育プロジェクト」（以下、多様性プロジェクト）は、自由の森学園で発足してから5年目になりました。まだ歴史の浅いプロジェクトではありますが、私たちの教育実践の営みについてお伝えします。

1　これまでの学校の困りごと

中学校長　菅　香保

自由の森学園は１９８５年の開校当初、人間生活科（家庭科）が家庭分野と保健分野を合わせた、人間の生活に関わる全般の授業を担っていました。私が所属する保健体育科は体育分野のみの授業でした。人間生活科では、専門的に研究している教員を中心として、当時は画期的で、本校の特徴ともいえる性的マイノリティ、ジェンダー平等についてなどの授業が展開されていました。教員として駆け出しのころの私には少々過激な授業と感じられ、無知による恥ずかしさもあり、教科をまたいだ教材研究などの呼びかけにも消極的でした。振り返れば、あの頃に丁寧に学んでいれば、その後の困りごとにも凛と立ち向かえたのではないかと後悔しています。

その後、本校の性教育をけん引した教員の退職などによって、保健分野は保健体育科が担うことになりました。カリキュラムにはなるべくそれまでの人間生活科が大切にしてきたことを取り入れながら授業をつくっていますが、悩みは尽きません。

多様性プロジェクトが発足するまでの実際の困りごとは、大きく分けると2つ。1つめは不安定な子どもに起こる問題行動への対応です。寄り添いと励ましに翻弄されながらの日々は行き当たりばったりで、教師対生徒の個別のやり取りでの充足感はあるものの、実践の継続や学校全体の安定には繋がらないもどかしさを抱えていました。不安定な日常から逃げるような問題行動の中には、性に対する執着や他者への依存による自己確認など、痛々しい姿に立ち会うこともありました。これらの問題は本人のプライバシーに関わることばかりで、養護教諭しか頼れず、個別で応急手当のような対応しかできませんでした。生徒の卒業後、豊かな人生につながる道標になるようなアプローチができたとは到底思えない、苦い思い出ばかりです。

2つめの困りごとは、発達に特性のある生徒への専門的な手立ての無さです。改善に向けた働きかけをできないままの状況でクラス運営をしなくてはいけませんでした。「自由な学校」という特徴は、やっていいことと悪いことの区別が分かりにくく、自分の考えで判断することが求められる場面や、連続性のない日常に混乱する生徒もいました。教室空間がストレスになり荒れることがあったり、特性のある生徒同士でのトラブルが発生したりして、クラスにつきっきりになることも教師の疲労の原因となっていました。

さらに、発達に特性のある生徒への対応でわかった、思春期における性的興味の発現についても大きな課題でした。時間をかけての個別授業や保護者・医療との連携など、常に手探りで不安な気持ちの中で対応を続けていました。

性への目覚めが表れること自体は思春期において当然のことですが、未熟な知識や情報により常識を逸脱した行動に繋がりかねない心配がありました。生徒を被害者にも加害者にもしてはいけないという焦りだけが募りながら、具体的な教育方法はわからないままでした。

対応の方向が見えない歯痒さを抱えながらも、自由の森学園という空間の力に頼ることを逃げとして、他者性を育む基盤の足りなさに、共通認識と具体的な手立てを学校全体で持ちたいと願うばかりでした。

なかなか教職員全体で困りごとを共有できないなか、のちに多様性プロジェクトを立ち上げる畑佐さんが、教職員会議にて「ユニバーサルデザインや合理的配慮を取り入れた学校空間」についての提案をしました。長年の悩みの一つ、発達に特性のある生徒への働きかけが、専門的な視点で示され、驚き感動したことを鮮明に覚えています。早速、提案の教室配置図を見ながら準備しました。教室に自分たちの空間としての愛着を持っていた生徒にとっては、配慮の行き届いた教室はどこも同じで個性がなく、味気ないと感じることもあったようです。全員が前を向くスタイルの配置に不満を訴える生徒もいました。一方で、整った教室で発達に特性のある生徒たちは落ち着いて過ごせるようになり、トラブルも徐々に減っていきました。とくに掲示物などの視覚情報の整理がスムーズになったことが大きいと感じます。

長年私立学校で勤め、育児などに追われて学外の研究会に足を運ぶこともなく過ごしていた私は、畑佐さんの提案以降、若い人に教わりながら、丁寧に実践を積んでいきたいと強く思い始めたのです。

（すがかほ）

2　多様性プロジェクトのはじまりと現在

数学科　畑佐 愛

本校は、個の学びを大切にする教育理念を掲げていることもあり、実際に多様な生徒が在籍しています。2012年に働き始めてすぐに、自由の森ではインクルーシブ教育(子どもたち一人ひとりが多様であることを前提に、障害の有無にかかわりなく、誰もが望めば自分に合った配慮を受けながら学ぶことを目指す教育理念と実践プロセス)が潜在的に行われていることに気づきました。しかしその実践は、充分な知識に支えられるものではなく、教師一人ひとりの熱意に頼るものでした。大学時代に特別支援教育について学んだ私は、「教職員全体に知識があれば、もっと豊かな教育が実現できるのに」ともどかしく感じました。

2014年に「ユニバーサルデザインや合理的配慮を取り入れた学校空間」についての提案を教職員会議でしたものの、教職員全体に浸透するような充分な手応えには至りませんでした。さらに私を含めて当時の教職員全体は性の多様性を始めとする包括的性教育についての知識や理解は皆無……。結局は保健体育科任せとなっていました。

抜本的な変化がないまま迎えた2019年4月、決定的な事件が起こってしまいました。学校内のあるイベントの寸劇で、同性カップルが登場した瞬間、どっと笑いが起こったのです。決して笑いを取る演出があったわけではなく、明らかに「同性カップル」を揶揄し、嘲笑する雰囲気が会場を包み込みました。残念なことに生徒だけでなく、一部の教員も笑いの渦に含まれました。当時の私たちは、「あの表現はまずい。さらに大人が笑っているのはもっとまずい」と怒りが入り混じった危機感を共有したことを覚えています。

大人より先に行動を起こしたのは生徒たちでした。イベント後、複数の生徒が校長室を訪れ、性的マイノリティを揶揄する表現に対し、遺憾の意を示したのです。その生徒たちの存在を知り、私たち大人も動き始めました。養護教諭なども含んだ数名の教員で集まり、「多様性を認め合える教育プロジェクト」の具体化に向けて準備を重ねました。

プロジェクト、始動

同年7月、教職員会議にて、「自由の森学園の多様性を認め合える教育の実現に向けた提案」を議題として挙げました。その際以下の4点を指摘し、学校生活上の困難さや、あらゆる性の在り方について、我々教職員や生徒同士が柔軟に受け止め、支え合っていけるような環境をつくっていく必要性があることを強調しました。

①「自由の森らしさ」を追求する一方で、発達に特性を持つ生徒にとっては苦しさや辛さを感じてしまう状況を作り出している可能性があること

②学習を始めとする学校生活上の困難さを抱えている生徒がいるにもかかわらず、その生徒たちへの対応が、知識不足ゆえに充分に行われていないこと

③4月のイベントにおける性的マイノリティを揶揄する表現について、生徒から問題視する声が上がったこと

④教職員の性に関する知識の乏しさが、イベントにおいてさらなる傷つきを生んだこと

その上で、本校の教育を「特別支援教育の観点」と「包括的性教育の観点」から見つめ、捉え、学び、考える機会をつくることを明示しました。当時、問題意識は各々が暗に感じていたことであり、教職員会議において、すんなりと受け入れてもらえました。こうして、多様性プロジェク

トの発足が正式に可決されました。

運営と実践

プロジェクトのメンバーは有志とし、問題意識の強い教師や親和性の高い教科などで構成されます。年度ごとにメンバーの入れ代わりはあるものの、6名～10名程度で現在まで運営しています。週1回程度集まり、その時のトピックについてざっくばらんに語り合います。

生徒の困り感を支えるためのプロジェクトではありますが、教職員がこれまで悶々としていた思いや現在の悩みを素直に語り合える場としての役割も担っています。

あくまでも目の前の生徒たちの困り感が原動力となっており、小さなことから大きなことまで、着実に実践を積み重ねてきました。以下、これまでの取り組みのうち、一部分を簡単に紹介します。

まず、外部講師による教職員向け学習会の開催です。とにかく専門的な知識がほしい私たちは生徒の長期休み期間等を利用して、性の多様性をはじめとする包括的性教育に関する勉強会を現在までに4回、また発達障害の基本知識やユニバーサルデザイン、合理的配慮についての研究会を開催しました。

次に、個別学習室のコーディネートです。様々な事情により教室で授業を受けることに困難さを抱える生徒が一定数いることを鑑み、個別学習室のレイアウトや使用方法などをプロジェクトで検討しました。現在は保健室や、各授業の担当者により活用されています。

生徒とともに取り組んだのは、生徒発信の分科会の開催です。毎年11月に本校で行われる公開教育研究会において、「生きられていますか?あなたの性～自由の森のSOGIについて考える～」という生徒との共同企画を立てました。生徒・保護者・学外からの参加者など、40名以上の方が参加し、活発な議論が行われました。関心の高まりを実感すると同時に、現状の自由の森では生きづらさを抱える生徒がたくさんいることも明らかになりました。

さらに、公開教育研究会を経て、ALLYバッジの作成・着用を始めました。元々は「仲間」や「同盟」を表すALLYという単語ですが、そこから転じて昨今は「性的マイノリティ当事者たちに共感し、寄り添いたい」意志を示すものとして行政等でも着用されているバッジです。本校ではもう少し意味を広げて「あらゆる性のあり方を尊重し、寄り添いたい」という意志表示として着用を始めました。デザイン（図1）は生徒によるもので、これまでに250個

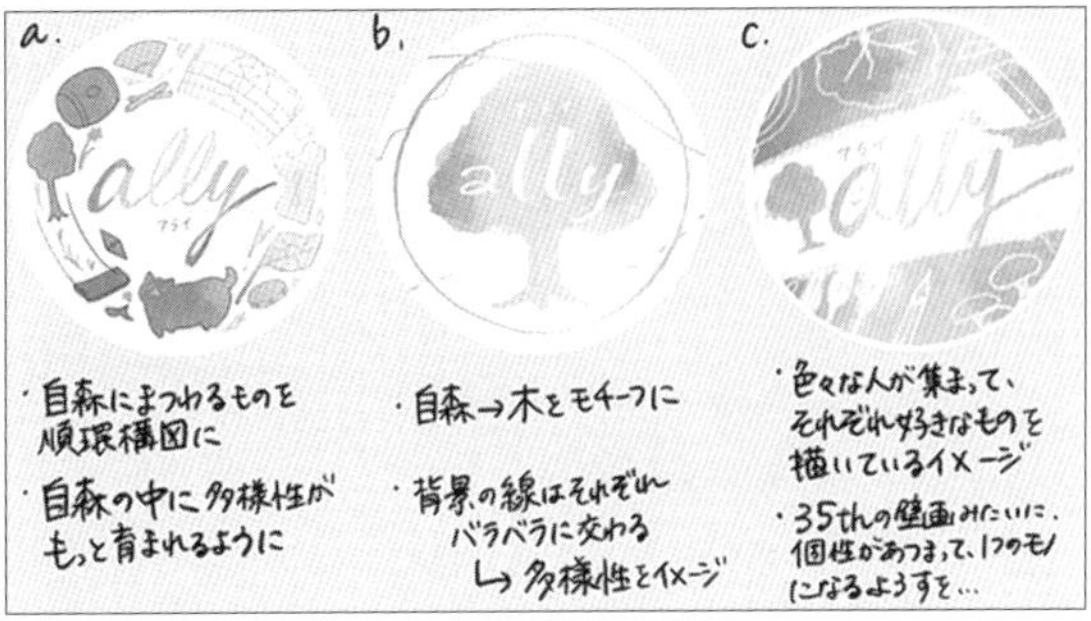
a.
ally
アライ
・自森にまつわるものを
順環構図に
・自森の中に多様性が
もっと育まれるように
b.
ally
・自森→木をモチーフに
・背景の線はそれぞれ
バラバラに交わる
↳多様性をイメージ
c.
アライ
ally
・色々な人が集まって、
それぞれ好きなものを
描いているイメージ
・35thの壁画みたいに、
個性があつまって、1つのモノ
になるようすを…

図1

制作し、教職員・生徒・保護者の手に渡っています。

2020年度からは、自由の森学園独自の初任者研修制度において、講義の一部を多様性プロジェクトが担っています。「特別支援教育の観点」と「包括的性教育の観点」から講義をし、基本的な知識を蓄えてもらう目的と共に、新しく仲間になった同僚たちの頼り先のひとつになることを期待しています。

2021年度には、自由に使える生理用品の設置も始まりました。「生理の貧困」が社会的に大きな話題となり、本校でも生理用品をすべてのトイレに設置することが課題となりました。問題は予算の捻出でしたが、ちょうど防災用品の見直しも行われた時期で、備蓄品として生理用品を常備する必要性があると分かり、予算問題をクリアしました。最初は試験的に一部のトイレに設置しましたが、生徒からは「急に生理になった時にわざわざ取りに行く必要がなく助かる」「生理用品を持っていない時に保健室に取りに行くのも気が引けるのでありがたい」などの声が聞かれ、順次設置場所を拡大し、現在はすべてのトイレに生理用品を設置しています。

2022年度に大きく学校が変わったのは、通称名の利用です。どんな場所にも、本名が性自認にそぐわなかったり、家庭の事情があったりして、様々な理由から本名ではなく通称名を必要とする生徒が一定数います。もともと、本人が呼ばれたい名前で呼び合うことが認められる校風でしたが、公の場（名簿の記載等）での利用について話題になりました。県の学事課と連携を取り、学校内での通称名使用の範囲を確認した上で、教職員会議にて協議し、正式に認可されました。将来本人が改名を希望した場合、通称名の使用年数と使用範囲が改名の要件になる可能性が高いということも、対応を急いだ理由のひとつでした。

2023年度、多様性プロジェクトは5年目を迎え、中学校における性教育のカリキュラム開発に着手しています。中学校にて、これまでも性教育は単発的に行われてきました。まずは3年間のカリキュラムとして確立することを目指し、中学1年生から実践しています。

（はたさ　あい）

3　みんなが楽しめる体育祭をつくる

数学科　福島絵里子

数ある実践のなかで、まだまだゴールが見えないのは体育祭です。自由の森学園の行事は、生徒が主体となり話し合いを重ねることで作られます。図2は、生徒が行事を作る手順を紹介したプリントです。

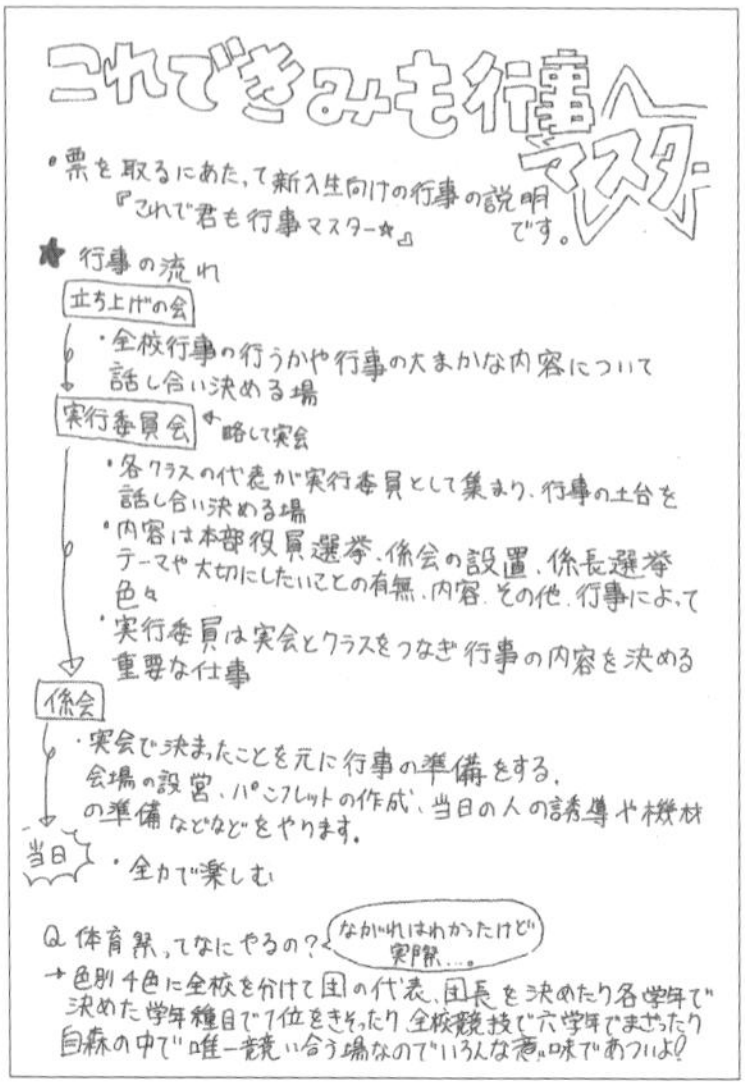
これできみも行事マスター
・票を取るにあたって新入生向けの行事の説明『これで君も行事マスター☆』です。
★行事の流れ
立ち上げの会
・全校行事の行うかや行事の大まかな内容について話し合い決める場
実行委員会 ←略して実会
・各クラスの代表が実行委員として集まり、行事の土台を話し合い決める場
・内容は本部役員選挙、係会の設置、係長選挙
テーマや大切にしたいことの有無、内容、その他、行事によって色々
・実行委員は実会とクラスをつなぎ行事の内容を決める重要な仕事
係会
・実会で決まったことを元に行事の準備をする。
会場の設営、パンフレットの作成、当日の人の誘導や機材の準備などなどをやります。
当日
・全力で楽しむ
Q 体育祭ってなにやるの？　なかれはわかったけど実際…。
→色別4色に全校を分けて団の代表、団長を決めたり各学年で決めた学年種目で1位をきそったり全校競技で六学年でまざったり自森の中で唯一競い合う場なのでいろんな意味であついよ！

図2

２０２１年度、ある生徒たちから「男女別のエントリーの方法や、誰もがそのどちらかに当てはまって当然と捉えるクラスの雰囲気がつらい」と訴えがありました。その年は多様性プロジェクトが生徒の係会の場に出向き、男女別のエントリー方法や競技のあり方について考え直してほしいとお願いしました。結果、ルールや競技の工夫がなされ、男女別競技のない体育祭が行われました。

体育祭の難しいところは、男女でエントリーを分けることによって安心して競技を楽しめる生徒も少なからずいることです。初めての試みは、生徒たちに多くの反省と意見と不満を生んだようでした。

２０２２年度は、前年度の反省を受けて、生徒が主体となって、生徒全体がかかわる実行委員会の場で、エントリー方法や競技決めについて話されました。土台となる性の多様性についての基礎知識は、生徒主催の勉強会にて共有され、まずは知ることで、みんなが楽しめる体育祭を目指しました。この年は競技によっては男女のエントリー枠が作られましたが、３つ目の枠として性別に関わらず参加できる「フリー枠」が設けられました。

２０２３年度の体育祭では、同様に生徒主催の勉強会が開かれ、話し合いがなされました。本人の自認によって

エントリー先を決めていいこと、他者の自認やエントリーについて、決めつけてはいけないことを確認したうえで、男女別にエントリーする競技と、誰もがごちゃまぜで参加できる競技が設けられました。男女別にする競技の基準は、体格差を理由に中学と高校でエントリーを分ける必要がある競技、と明示されています。

常に前年度の反省が活かされ、多くの話し合いの時間を持ちながら体育祭はアップデートを重ねています。そのおかげで存分に体育祭を楽しむことができた生徒がいる一方、ぬぐい切れないモヤモヤを残し、多様性プロジェクトにかけこんでくる生徒もいます。そもそもスポーツを中心に据えた行事でみんなが楽しめる競技やルールをつくることは、オリンピックでさえ解決できていない難題です。自分たちのことを自分たちで決められる環境を活かし、生徒たちと共に、折り合いを探り続けようと思います。

（ふくしま　えりこ）

4　これからの多様性プロジェクト

プロジェクト発足から現在まで一貫している信念は、目の前の生徒の困りごとに徹底して寄り添うことです。現在はみんなが使いやすい更衣室やトイレの模索、対外的な性別表示のあり方などが議題に挙がっています。

先日、「多様性プロジェクトと話したい」という生徒たちが会議にやってきました。宿泊学習の部屋割りや、「くん・さん」で呼び分ける教師が未だにいること、多様性プロジェクトの活動を生徒にも広げてほしいという訴えなど、耳が痛い内容ばかりで、大人たちとしては謝罪の連続です。それでも、私たちと志を同じくする生徒たちが少なからずいる、という事実は多様性プロジェクトの大きな拠り所になりました。

これからも一人ひとりが多様であることを認め合える学校空間、そして社会を目指して、実践を積み重ねていきます。私たちの最終的な目標は、多様性プロジェクトの解散です。特別チームが必要ないくらい、現在の困りごとが解決し、生徒が教職員の誰を頼ったとしても、自分らしく生きることの背中を押してもらえるような学校になったとき、その目標は達成されます。やらなきゃいけないことがまだまだたくさん、と途方に暮れる毎日ですが、少なくとも私たちは悩み、立ち止まることの大切さを知っている。生徒たちと一緒に、新しい自由の森に向かっていこうと思います。

特集1

プロジェクトでわくわくするとき

実践記録③

「生徒が主体」をとめられない
―プロジェクトから始めるHRづくり―

北海道公立高校　佐藤りか

1　A高校について

A高校は大都市近郊の町にある1学年1HRの小さな高校である。町内出身者は10名にも満たず、多くは町外からの入学者だ。いわゆる市内の公立高校へ入れない『逆流』で「本当は来たくなかった」「A高校しか入れなかった」という生徒が多い。学校が楽しめないためか、学力や出席不足による退学者が多く、何年も40人全員が卒業したことはなかった。私は2010年に担任を持つことになった。40人全員で卒業することを目標にした。そしてこのクラスは40人全員で卒業できた。

入学前の3月に中学校訪問を副担任と行った。『学級崩壊の立役者』『何度も補導され困った』『ほとんど学校へ来ていない』など、入試が終わると中学の先生はさまざまな事情を話してくる。家庭における生徒一人ひとり生きづらさの現実もあり、いろいろ問題が出てきてちょっと不安になったが、「まぁ、新しい気持ちで生徒に向き合おう」と決め、楽しい学校づくりが始まった。

2　登校1日目、『突然のバレーボール大会』

入学式の翌日、朝、ジャージが配られた。これはチャンスだと思い、オリエンテーションが終わった午後にバレーボール大会をすることにした。朝、『じゃ、午後はジャージ着てバレーボール大会をします』と宣言した。体育教員に相談し、ネットを張りチーム分けをするなど協力してもらえた。６チーム総当たりで行うバレーボール大会はさぞかし楽しくなると期待していた。しかし、生徒のサーブはネットをなかなか超えられない、サーブが入ってもボールは、ぼてぼてと、人と人の間に落ちるだけ、ボールを拾いにいくのもめんどくさい感じで、応援も笑顔もなし。これで２時間が終了。無計画なＬＨＲの大失敗だった。でもサーブを失敗しても「おっけー、おっけー大丈夫」と叫び、思わずボールを返したもんなら大興奮の担任の全力応援に「あれ？今までの学校と違うかも？」と生徒は感じたはずだ。私にとって、最初のつかみは大成功だ。

６月には２泊３日の宿泊研修がある。だいぶうるさくなってきたクラスで、宿泊研修のプロジェクトチームづくりを宣言した。一番重要なのは『よさこいプロジェクト』だ。

目標は宿泊研修当日にその場で練習し、よさこいソーランを完成させるというものである。私はよさこいなんて踊ったことはないし、指導もしたことはない。何でも良かったが、「生徒が一から作り上げ全員で踊る」ことを想像するとわくわくしてきた。

ＨＲで「よさこいプロジェクトをつくります」とクラス全員に呼びかけると、「やったことある！」という町内出身の生徒６人が手を上げた。各班から「よさこいリーダー」を出して、生徒が中学校からビデオとＣＤを借りて、宿泊研修の２週間前から総勢10名ほどの放課後練習が始

よさこい練習

まった。生徒からは「これじゃ、全部覚えられない」と焦る声がだんだん聞こえてきた。私はたいした完成度を求めていなくて、「教える・教えられる」関係ができて、最後にみんなで踊れればいいなぁくらいだったが、生徒は「もっと練習しないと」「こんなの完璧じゃない」という必死さで、連日の練習となった。宿泊研修当日、各班に分かれてプロジェクトチームが教えた。男子を根気強く教えていた女子は「真剣にやってくれない」と怒っていたが全体であわせること3回。ようやく完成した。

3　学校祭は部長を決める

宿泊研修も終わり、朝のHRで「学校祭の部長をきめます。やりたい人！」と訴えた。やる気がでそうなネーミングも大事だ。決められた完成度を求められ「だれも手伝ってくれない」と一人で泣きながらやる学校祭は苦痛しかない。自分たちが決定し、行動することができる学校祭は大チャンスだ。毎年、完全立候補制で部長を決定していった。次々と手が上がり、ダンス部長は「ナンバー2をめざす」と宣言したY。焼きそば部長は、入学当初「学校やめる」と言い出したり、ほぼ毎日化粧と髪のセットに時間がかかり遅刻常習犯のM。Tシャツ部長は成績優秀なSに決定した。Yはダンスと最後に全員で「世界に一つだけの花」を歌うことを提案しクラスで練習を始めた。Mは鉄板やガスコンロなどを手配し、前日には試作品を職員室の先生たちに食べてもらった。

Yはダンス練習がなかなかうまくいかず「どうにかして」と訴えてきたが、いつのまにか上手くいったようだ。本番が近づくと生徒も全員必死に練習していて、体育館で見ていた私は、本番でもないのに感動して泣いていた。Yは一日目にステージが終わり、二日目には焼きそばづくりを手伝い「朝8時からずっと焼きそば焼いてんの。こんな学校祭あり？」と満足そうに言っていた。それぞれが一生懸命やり、学校祭は終了した。

そこで、Tシャツ事件がおこった。女子10人ほどが、クラスで作成したTシャツの裾や襟元を切り、Tシャツに穴を空けたり落書きをしたりした。クラスTシャツはSが「みんな、気に入ってくれるかなぁ」と何度もデザインを直して「黄色の金魚41匹」Tシャツをみんなに提案し決めたものだ。Sは「同じ中学の人と会いたくない」とA高校にきた成績優秀な生徒だ。入学時からこの騒がしいクラスに馴染もうとしていたのが分かったし、そんなSが切り刻まれたTシャツを見てがっかりし、友だちに失望していたのも分かった。これは絶対に許さないと怒りがわき、学校祭が終わり浮かれている生徒に、「ふざけんなってSがどんな思いで作ったのか分かってるのか」と怒りが爆発した。「そこまで怒るか」と生徒がびっくりするぐらいの怒り方で、最後はなんか悲しい気持ちで学校祭が終わった。

4　10月体育祭のとりくみ

体育祭は、①メンバーをちゃんとみんなで決める、②勝つための作戦を立てる、③みんなで練習することに重点を置き、種目ごとに部長を決める。むかで部長、騎馬戦部長、綱引き部長、リレー部長など8種目の部長を中心に、放課後やHRの時間に練習する。

HR討議で議長が「部長を決めます。やりたい人！」というと、リレー部長にRが手を上げた。Rは見た目から「怖そう」と最初は周りから警戒され、入学後も心配な生徒であったが、男子9人のいつも中心にいた。「学校が最高に楽しい」と最後まで言っていた。Rは3年までリレー部長をやり、いろんな行事でリーダーとなって成長していった。むかで部長にはKが手をあげた。私もびっくりで周りも驚いていた。なぜ、むかで部長なのか見当もつかないが、「今までこんな責任のあることは経験したことがない」と言いながら、チーム分け、体育館でのむかで練習など、不十分であるが、みごとにみんなを引っ張ってみんながKに協力をしていた。『誰でも部長はできる』という感じがクラスの中に広がった。しかし、何度も練習したリレーは雨で中止になった。

5　遠足はカレーコンテスト

本校では授業時数の確保のため、数年前に遠足を中止した。他の学年は実施していない。しかし、私は遠足が大好きなので、結局3年間行った。最初に「1年生は遠足をやります」と職員会議で提案したが、「行事の精選を行ったのに、1年だけ行って授業時数は確保できるのか」と意見が出た。学年団で相談してLHRなどの授業時数を6時間確保し、会議で認められた。1年のときは『みんなで歩く』ことを重点に、歩いて2時間くらいの公園へ行くことにした。ただ行ってお弁当をたべるのもなんなんで、カレーをつくることにした。ただ、カレーを作ってもおもしろくないので『春光台公園カレーコンテスト』にした。学級費から一人500円分を配布して各班が買い物をする。食材を持って公園に行き、カレーを作り教員が審査。ご飯は朝、生徒が炊飯器にセットして、昼前に先生たちが運んでくれた。優勝チームには引率した先生たちから『チュッパ・チャップス』40本をプレゼントした。

2年、3年では、「鉄板コンテスト」、「どんぶりコンテスト」を企画し、先生たちに食べてもらい、審査して「プレゼント」が恒例となった。大人（教師）を遠ざけていた生徒がこの学校で教員に対してわがままになっていった。「先生たちもきっと生徒を好きになってくれるはず」と思っていたが、その通りとなった。

6　2月、先輩、ありがとう『卒業プロジェクト』

2月になって、HRで「何かで、3年生にありがとうの気持ちを伝えられないか」と投げかけた。私は体育館へ続く廊下を装飾したり、メッセージを貼るとかくらいしか想像できなかったが、生徒から出てきたのは雪像づくりだった。早速、『雪像プロジェクト』を立ち上げ、デザインを決め、卒業式前日に1年生全員で雪像を作る準備をはじめた。3年担任の像と、40個の雪だるまを作成。先輩一人ひとりにメッセージを書き、チュッパチャップスにカードを付けて雪だるまに刺した。

雪像プロジェクト

卒業式の朝、雪が降りデザインを担当した生徒が早くに登校し顔を細かく直し、卒業生を迎えた。もちろん、大喜びの3年生だった。

7　2年沖縄見学旅行プロジェクト

見学旅行は12月に4泊5日で、沖縄に行き、帰りに東京に一泊して東京自主研修と東京ディズニーランドによって帰るという行程だ。ルールづくりや、イベントづくりを全部生徒に考えさせることにした。

沖縄見学旅行 HR

夏休み明けすぐに、見学旅行プロジェクトを立ち上げた。M、N、Yが立候補した。プロジェクトが提案し、クラスで決定する見学旅行づくりが始まった。

まずは、ルールづくり。プロジェクトは「服装は全行程私服」を提案してきた。例年は自主研修のみ私服であった。生徒は了承したが、教員側との話し合いも行った。「制服と私服を両方持って行くと荷物が多くなる。海や山などの活動が多い。」などを理由に職員会議に提案し私服に決定した。他の生徒も平和部、チーム海、しおり作成班など3チームに分かれての活動が始まった。夜の海イベント、伊江島でのビーチバレー、平和宣言、折り鶴制作、しおりの編集と長い時間をかけて生徒がゆっくりと準備していった。座席や部屋割りも各班の代表を集めて、みんなが納得するようなものを提案していった。教員側がやってしまった方が楽だが、どんな小さなことでもプロジェクトチームに相談して決めることにした。

8　沖縄見学旅行「東京は行けません」事件

11月突然、管理職から「沖縄からの帰りに、東京一泊は許可が下りない」と言われた。そんなことは計画していたときから知っていたが、無理を承知で提案し、1年前の4月に教育委員会から了承されていた。

「生徒になんて言おうか」と悩み、とりあえず見学旅行プロジェクトのM、Y、Nに相談をした。生徒は当然納得していないが、「先生からだと、みんな怒るから。今までも私たちから提案してきたし、私がクラスのみんなに説明をする」とNが言ってきた。プロジェクトの代表3人がクラスで「見学旅行は、沖縄だけで東京へは行けなくなりました！」と言ったとたんに、教室は、泣き出す生徒もいて、ぐちゃぐちゃになった。「校長からの説明を聞きたい」と意見があり、生徒が校長を呼んできた。「なぜ、東京がだめになったのか、経緯を説明してください」「なぜ、事前に確認しなかったのか」などの意見がでた。校長が経過を説明し、生徒に謝罪をした。Mが最後に「みんなの気持ちを書いてほしい。言えない人もいるから。先生たちに知ってほしい」とHRで紙を配り、クラスの声をまとめ、私に渡してきたので、その声を学級通信に掲載し先生たちにも配布した。

見学旅行当日、プロジェクトチームが一番力を入れたイベントが、海での花火大会と『おばけ大会』だ。花火は私が下見に行ったときに沖縄で買い、ホテルに届けておいた。おばけ大会は、行く前におばけに変装するためのグッズを準備し、沖縄で「こんにゃく」も買い、準備万端。

しかし、夕食中に生徒があまりにも興奮し、座敷で暴れたため、校長から夜の海へ連れて行かない方がいいのではないか、危険ではないかとストップがかかった。私も生徒の興奮ぶりを見ると仕方ないなと感じていた。しかし、教員側からの一方的な中止では今までの計画や、プロジェクトとして大事にしてきたことがすべてパーになる。私はむしろ「ピンチを乗り切るチャンスかも」と思っていた。

プロジェクトメンバー3人を呼び、「夜の海はやっぱり、危険だから中止しよう」と言った。3人は一度部屋に戻り、花火大会をやるための注意事項を考えてきた。①海には絶対入らないように係を置くこと、②行く前に全員に落ち着くように話をすること、③一人では行動しないこと、を条件に夜の花火大会とお化けイベントを実施することを提案してきた。Mがホテルの前で「海には絶対入らない。一人で行動しない」と全員に説明し、ホテル裏のビーチへ向かった。係を決め海辺に立ち生徒が飛び込まないように注意する生徒を配置させ、花火やお化け大会を楽しんだ。翌日の朝は、花火の後片付けのため数人と海辺を掃除した。

Mはバスレクにもこだわり、毎日、いろんなゲームでみんなを楽しませていた。

9 勝手に卒業式

3年でも各行事でプロジェクトチームを作り、MやY、男子のRが引っ張っていった。卒業式は担任を無視し、すべて生徒のペースで終わってしまった。中心になったのはMだった。「卒業生退場」というとき、3年生が全員起立していきなり『3年間、ありがとうございました。これから、感謝の気持ちをこめて歌います』と、ピアノの伴奏でキロロの『ベストフレンド』、先生への手紙、花束贈呈と続いた。退場後、保護者と教員を被服室に案内し、いつの間に作ったのか、思い出のDVDを見た。保護者への感謝の手紙を読んだり、最後に円陣を組んで終了した。

10 最後に

2年からは学校祭や体育大会、学年レクでも「勝手にプロジェクト」が定着し、私の想像以上に生徒は成長していった。「生徒が主体」はもうとめられず、生徒の中では当たり前だ。「決定する権利」が与えられることで行事も学校生活のいろんな事が自分のものとなっていった。

入学の時、学校体制に傷つき、苛立ち、希望をもてなかった生徒にまずは「学校は楽しい」と思わせたかった。管理を強化することで、自己主張もできない従順な生徒を育てたがる教師から生徒を守ろうと思った。「学校や先生の言うことを聞いてれば人生安泰、進路はバラ色、大丈夫」は嘘だと生徒に伝えたかった。「まず、ちゃんとやることやってから」なんて言ってると、いつまでも生徒は何もできないし、何も主張できないままなのだ。失敗は許されるし、ちゃんとしてなくても部長はできるし、誰でも意見することができる。「主体」を経験した生徒は社会を変える主体、行動者と成長してほしいと思う。

（さとう　りか）

実践記録④

協働の力で、学校をそして社会を変えていこう！

神奈川・私立中高教員　清水直哉

わたしの勤める中高一貫校は、生徒会活動が活発な学校です。わたしたちは生徒会活動を「協働を学ぶ自治活動」として位置付けており、生徒会役員である総務委員（中1から高2まで合計20人）や、各クラスの代表であるクラス委員ら「各種委員」が中心となって行事の運営・学年集団づくり・校則に関する議論・地域との協働にとりくんでいます（高3は受験にシフトするため、高2が全学を引っ張る「リーダー学年」となります）。

1　「みんなの力」で最高のものをつくりたい！

昨年度、高2総務委員がリーダー学年として掲げた生徒会年間方針は、「自分たちが主役。だからこそ協力して自分たちで変えていこう」というものでした。ここには、『誰か任せ』や『総務委員が中心となって何かを実現する』ということではなく、生徒一人一人が主人公になって『動く』ことに価値がある」「自分たちの『働きかけ』次第で、行事・学校生活など、自分たちを取り巻く環境はもっと良いものになっていく」「これらは『自分一人』や『気の合う仲間』だけじゃ実現できない。色んな人の多様な意見を出し合い、協力し合うことでこそ実現できるんだ」という彼らの「確信」がありました。

また、彼らは中1で児童労働をなくすプロジェクト「チョコプロ」を、中3では飢餓をなくすプロジェクト「KIGAZERO」を、高2からはジェンダー平等を実現するプロジェクト「over the rainbow」を立ち上げるなど、「より良い社会をつくるためにアクションする」ことにチャレンジできる生徒たちでした。

2 基盤となった中学時代の集団づくり

もちろん、最初から彼らがそのような「認識と行動力」を持ち合わせていたわけではありませんでした。特に中学生時の彼らは、自分に対しても、周囲に対しても、すぐに否定的な発言をしてしまう様子が見て取れました。それを受けて、学年の生徒会担当だったわたしは「学年集団づくり」が急務の課題であると感じ、彼らに関わる教育活動のあらゆる場面でそれを実践するよう意識しました。

その中で特に軸になったのが、「①学年クラス委員会」と「②プロジェクト活動における集団づくり」です。

まず、①についてです。各クラス（1学年5クラス）のクラス委員（リーダー）3名＋総務委員（毎年学年ごとに選出される生徒会執行部）で構成される「学年クラス委員会」を、昼休みに週1回定例で開催しました。学年クラス委員会では、各クラスの状況や、学年の良いところ・課題、こんな学年になっていきたい、こんなことを学年で取り組みたいというようなことを議論し、学年の生徒の「やりたいこと」や「こうであってほしい」という要求の声を集め、その実現のためにイベントを企画したり、授業改善キャンペーンに取り組んだりしました。

学年クラス委員会で彼らが議論している内容は、「学年の仲が深まるイベントをやりたい」とか「授業を静かに皆が受けられるようにするには？」とか、教師が主導して「こうやろう」と決めれば、すぐに解決する問題であることが多いです。しかし、子どもたち自身が考え、悩み、チャレンジするというプロセスを通して、彼らの中で「学年をつくっていくのは自分たちである」という認識が育まれ、また学年のリーダー集団の間に「仲間意識」が芽生えていくことに繋がりました。

次に②についてです。彼らは中学1年生時に、わたしの社会の授業を通して「カカオ農園での児童労働の実態」を学びました。授業の最後に、1人の生徒がわたしに「この問題を解決するために、自分たちにも何かできることはないか？」と相談にきたことをきっかけに、学年の生徒に「児童労働をなくすことを目的としたプロジェクト」立ち上げを呼び掛けたところ、約30人の生徒が集まり「チョコプロ～幸せを届けるチョコレートプロジェクト～」が立ち上がりました。

　プロジェクトでは、児童労働の改善を目的としたNGO団体「ACE」のイベントに参加したり、学園祭で児童労働の現状を訴えるポスターを掲示したり、駅での募金活動も行いました。また、クラウドファンディングで資金を集め、バレンタインには、映画『バレンタイン一揆』(カカオ産地での児童労働とフェアトレードチョコレートのPR活動を記録したドキュメンタリー）の上映とフェアトレード商品の販売を学内で実施しました。また、SDGsの達成を目指す全国フォーラムで生徒が取り組みを発表するなど、授業から始まった活動は広がりを見せていきました。

　生徒たちは活動を通して、様々な方から「スゴイね！」「応援してるよ！」「児童労働を一緒になくそう！」と自分たちの活動を評価してもらえる声をかけられ、また雑誌等でも紹介されるなどメディアの方にも注目をいただきました。これは、「どうせ自分たちなんて…」と発言していた彼らに、大きな自信と「社会に働きかけることは恥ずかしいことじゃない」という実感を与えたと思います。チヨコプロの活動は、中学生時に一区切りを迎えましたが、その後も総合学習などを通して感じた問題意識を出発点に、上述した様々なプロジェクトやアクションに取り組む生徒が現れました。

　わたしも担当教員としてプロジェクトに伴走しました。プロジェクトの指導は、「目的と問題意識を共有している」という面で、学年クラス委員会よりも取り組みやすく、またプロジェクトメンバーの中での仲間意識や一体感の醸成もスムーズに進ませることができます。一方で、活動の中心が「問題解決」に偏りすぎると、「同じ意識を共有した『仲の良いメンバー』」だけで取り組む「個別化」されたプロジェクトになってしまい、「集団づくりの中で民主主義を育む」ことと逆行する取り組みになる危険性を有しています。そのため、このプロジェクトの指導も「議論を通して皆で一つのものをつくりあげていく」という集団づくりの観点を根底におきながらつくりあげていきました。「わかり合える仲間たち」と共に「具体的に何ができたのか・できるのか」を重視して進めるのではなく、「幅広い人たち」と共に「周囲に働きかけ社会を変えていく」ことに重きを置いて、活動内容を組み立てることを常に自戒しながら関わりました。

　また、モチベーションの高いメンバーが集まる「プロジェクト」であっても、やろうと決めたことを期日までに取り組めない生徒がいたり、やりたい内容や方向性が生徒間で異なったりするなどして、活動が停滞することやうまくいかないことも起こります。その中で、プロジェクトメンバー同士が悩んだり励まし合ったりする時間を大切にする中で、自分たちの「目標」は何か見つめなおしていくという過程で、子どもたちは「一番大切にしたい目標」を設定し、それを土台に「取り組む内容を考えていく」という議論の進め方などを学んでいきました。

このような「集団づくり」を、上述した①②だけではなく、各クラスの行事づくりにおける係会議・総合学習委員会・研修旅行委員会・行事の実行委員会など、様々な場で進めていきました。その中で、「アイツとはこの委員会が一緒だった」とか、「あの子とは学園祭で一緒に小道具つくったよ」というような、「小さな関係性」が学年内に多く育まれ、その中で「互いに意見を『言い合える』関係性」が、学年の中にたくさん育っていきました。そして、その「指摘できる・言い合える」関係性は、高校生となった彼らの中で、「働きかけ合える・協働し合える」関係性に発展していきました。その関係性を土台に、彼らはリーダーとして各種行事を成功に導いていきます。

本校の行事は、教師ではなく生徒たちが中心となって企画・運営されます。子どもたち自身が実行委員会を立ち上げ、要綱を作成し、運営にも責任を負います。5月に行われる体育祭は、学年をまたいだチームをつくり、高2生がリーダーとなって後輩を引っ張っていくという、リーダーシップとメンバーシップが問われる行事です。体育祭が成功するかどうかは、高2の学年集団の団結力にかかっています。

高2生の中には「チームを勝たせる責任を負う各クラスのリーダー」もいれば、「運営に責任を負う実行委員」の生徒もいます。立場が違うこれらの生徒たちが協働できるかが、行事の成功のためにはとても重要です。チームの勝利を優先し運営には無関心なリーダーと、リーダーの気持ちや声に耳を傾けずにルールなどを一方的に決める実行委員会というような関係性の場合、行事の成功は望めません。「それぞれの立場は違う、それでもどちらも『良い体育祭にしたい』と頑張っている。だから、協力し合おう」という立場に互いに立てる学年集団であることが求められます。

この数年間、コロナ禍の中で行事にも様々な制限が課され、昨年度の体育祭では実行委員の準備が間に合わず、全ての競技が実施できないかもしれないという状況に陥りました。しかし、その中で、各クラスのリーダーたちが積極的に運営に協力してくれたことで、体育祭を無事成功させることができました。それはなぜだったのか、高2総務委員自身が分析し発表したレポートの一部を紹介します。

「（グダグダの体育祭予行を目の当たりにして、）全色のリーダーを集めたリーダー会議を開き、実行委員とリーダーでの食い違いのないように入念に確認をしあいました。体育祭直前のこの時期、本来リーダーはクラスのオブジェ作りとか、自分たちの色の勝利にこだわるためにクラスの活動に時間を少しでも多く割きたいはず。でも、実行委員の準備不足で起こっている『体育祭の成功のための運営』を一緒に朝も放課後も考えてくれている。立場が違うはずなのに、体育祭の成功という『同じ目的』に向かって一緒に知恵を絞ってくれました。…（中略）…

体育祭直前に緊急に開いた学年集会。そこで、体育祭委員長から、『それぞれの色にリーダーはいるけど、みんなで一人一人が最高学年として引っ張っていく立場なのだと自覚を持ってもらいたい！みんなで一致団結することで成功につながる体育祭なのだ』ということ、5年間培ってきた絆を最大限に生かして、最高な体育祭にしたいということを伝えました。一緒に会議をしてきたリーダーからも改めて、『皆の力で体育祭を成功させよう』とクラスに呼び掛けてくれました。…（中略）…

5年間共に学校生活を送る中で、私たちの学年は学年としての活動がとても多かったです。例えば、話し合いの場を多く取ってきたり、学年の子たちが計画したものに対して学年のみんなが積極的に協力してきたり、学年の仲間でプロジェクトを立ち上げ最後まで取り組んできたことによって、お互いの活動や頑張りに対して認めてあげられる雰囲気が出来上がっていきました。」

この学年の生徒たちが、中学時代から「議論」し合ったり、集団づくりを通して仲間意識を深める中で「互いを評価し、励まし合える」関係性をつくってきた。そしてそれが行事の成功に繋がったということを生徒自身が感じていることがわかります。ここには、「個人個人を尊重できる姿勢」と「個人の違いを認めたうえで、より良いものをつくるために、『違う』相手にも働きかけて協働していく」という「民主主義のプロセス」が凝縮されています。このような認識を、「生徒の要求」に呼応する形で育んでいける、「集団づくり」や「行事の指導」というのは、「民主的な子どもたちを育てる」上でとても大切だと考えています。

3　学校・社会を動かす高校生に成長！

高校生となった彼らは、中学のときに体験的に掴んだ「仲間とともに協働して取り組めば、自分たちの環境は自分たちで変えていくことができる」という認識を土台に、学校に生徒の意見を積極的に届け、校則改善などを実現させていきます。

たとえば、２０２１年（高1時）夏、コロナ急拡大のもとで再びの休校・オンライン学習となった際、オンライン学習における不安や孤独感を抱えた高1生が「皆はどう感じているのか聞きたい」と教員に相談してきたことをきっかけに、「オンライン授業についてのアンケート」を、高1の有志と総務委員で、学年の全生徒対象に実施しました。アンケートには、オンライン授業の肉体的・精神的負担や改善してほしい内容などが多く書かれていました。

休校・オンライン期間の授業のあり方については、教員側も生徒のメンタルや健康などについて配慮しながら組み立てたつもりでしたが、それでもやはり「教員の立場」だけで考えた内容だったので、生徒と教員の感覚のズレや要求の違いがかなりあったことを、わたし自身も痛感しました。

総務委員たちは、これだけの声が集まったのだから、学校にキチンと伝えてわたしたちの意見を反映させてもらう必要があるとして、学年生徒の「生の声」を高1総務委員自身で分析し、「オンライン授業を生徒はこう感じています。休校期間にこういうことを求めています」ということを、直接管理職や執行部の先生方に伝える懇談を実施しました。学校も生徒の声を受け止め、オンライン期間の内容やあり方を改善してくれました。また、生徒たちも「自分たちが不満に思っていたこと」が「先生たちがわたしたちのことを考えてやってくれていたこと」だと気づく機会にもなりました。「やはり違う立場同士で対話すること、一緒につくっていくことって大事」という声も聞かれました。これも大切な学びだと思っています。

また、高校1年生時には同様に学年の生徒の声を集め、学校と交渉し、上級生には認められていたリュックの自由化も実現しました。この2つの取り組みの共通点は、「学年の生徒の声をよりどころにして、学年全体を巻き込んだ協力と行動で、生徒の要求を実現した」点にあります。仮に「総務委員の思い」だけでこれらの運動に取り組んでいたとしたら、それは一部の生徒の空虚な訴えに留まり、学校にもその切実さは伝わらず、これらの改正は実現しなかったでしょう。「総務の呼びかけに耳を傾け、提案した行動に協力し合える」学年集団が形成されていたことが、とても重要でした。上述した中学3年間の「学年集団づくり」を通して、学年の中に、総務委員への信頼と、互いに協力し合う仲間意識が醸成されていたことが、これらの要求を実現に至らせた理由に他ならないと感じています。

4　外の世界と接し、主権者として成長していく

ここまで述べてきた彼らの成長を支えたもう一つの大きな要因として、積極的に関東や全国の高校生たちと交流する機会に飛び出し知見を拡げたことがあります。その中で、彼らは自分たちの中高時代の歩みを何度も振り返りました。「みんなが過ごしやすいクラスや学年をつくる」という中学生時の活動が、高校生となり「楽しい学校・行事をつくる」と広がっていったこと。そして、「自分たちや他の誰かにとっても過ごしやすい環境をつくる」ということは「みんなが過ごしやすい、平和な社会をつくっていく」ことに繋がっていると気づきました。「自分たちの取り組みの射程が拡がっていっている」と実感することを通して、学年クラス委員会・生徒会・プロジェクトなど自分たちが取り組んできた活動が「社会をつくるわたしたち」という視点で整理され、本当の意味で主権者としての認識を獲得していきました。

生徒たちは、同年代の高校生たちとの交流が、自分たちにどのような刺激を与えたか、次のようにレポートしています。

「私は自主的に活動するのが、中1のチョコプロが初めてでした。小学生で自主的に活動してこなかった私は、チョコプロを通して〃プロジェクトの楽しさ〃を知りました。チョコプロの活動をしているうちに、自主的に活動するのが好き！と思うようになり、クラス委員や総務委員に自ら立候補するようになっていきました。

…（中略）…

私たちは、一人では社会を変えていくことはできません。仲間と話し合ったり、手を取り合って取り組むことが何かを変えていくことにつながるんだと、この活動を通して学びました。…（中略）…

私たちの生きている社会は、これまで誰かが、社会を少しでも変えたい！という思いで動いてきた活動の積み重ねで出来ています。なので、社会を変えたい！という思いや取り組みは無駄にならないと確信を持って活動していきたいです。…（中略）…

昨日夜にみんなで、今後の活動やプロジェクトについて話しました。そのなかで、私たちの今までのチョコプロやキガゼロなどの活動には、意味はもちろんあったけれど、どこか遠い問題を考えようというところでとどまっていたことに気付きました。みんなと話したこと、そして、全国のみんなの活動をこのような場で知ったことで、『本当に高校生が変えていくことはできるんだ』ということが確信に変わりました。だから私たちも『考える』とか、『知ってもらう』ことだけでとどまるのではなく、社会のさまざまな問題や矛盾、困っている人たちがいることを、自分達が解決していく。そういう取り組みに、これからはステップアップしていきたい！と、昨日確認し合いました。

そう思えたのは、この場で全国の高校生が本当に『学校や社会を動かそう』と実際に行動し、動かしている姿に出会えたからです。この場に出会えたことが、わたしにとってとても大きな財産になりました。」

このレポートからは、「遠い世界の問題を『考える・支援する』」ことでとどまって、限界と感じていた自分たちの活動を、同じ高校生が本気で「この問題が起こっている社会を変える」と行動し、実現している姿を見て、「自分たちが問題そのものを解決していく」という立場にステップアップした彼らの様子を見て取ることができます。

「社会をよくするために、周りと協働しながら働きかける」ことを確信とした彼らは、「民主的な社会を形成する主権者」として社会に大きく羽ばたいてくれるだろうと確信しています。

（しみず　なおや）

特集1　プロジェクトでわくわくするとき

実践分析論文

社会を変えるちからを培う
―プロジェクト活動でできること―

沖縄高生研　伊藤香織

1　プロジェクトで学校を変える

プロジェクトの語源は、ラテン語の pro + ject であり、その意味は「前方（未来）に向かって投げかけること」である。一般的には、現存する諸処の問題解決や目標達成のために、目的、手段・方法の決定から、実践上の調整や評価まで、複数人で合議、実行していく活動形態の総称として使われている。

自由の森学園での実践は、学校における性的マイノリティやジェンダー不平等、発達の課題の解決のために、教師が行ったプロジェクトの報告である。これらは、どこの学校においても、現在、中心を担う課題となっている。具体的課題が多すぎて、どこから手を付けるべきか悩ましい実情の中で、自由の森学園では、生徒の声（訴え）を源流として、プロジェクトが立ち上がる。学校のイベントでの寸劇に登場した同性カップルへの揶揄や嘲笑に問題を感じた生徒たちの「遺憾の意」に呼応して生まれた多様性プロジェクトは、LGBTQの問題解決だけでなく、発達特性を抱える生徒の生きづらさの解消や、それと対峙する教師を支える方法へと拡充されていく。有志で運営されているプロジェクトグループの提案が、職員会議に上がっていくシステムは、長年培われた民主的な学校運営のたまものだと思われる。しかしながら、公立学校でも、養護教諭や図書館司書なども含んだ多様な立場の人々がつながり、さらに管理職を巻き込めば、有効なプロジェクトチームができる可能性が示唆されているとも感じられた。

多様性プロジェクトチームの存在自体、大変意義深いものであろう。特に、通称名の公の場（名簿の記載等）での使用のための動きや、体育祭において性別に関わらずエントリーできる「フリー枠」の設定などは、ストレスを感じていた生徒たちにとって、大きな改革であったことであろう。それを承知の上で、更なる発展のために必要な視点を呈したいと思う。例えば、「ユニバーサルデザインや合理的配慮を取り入れた学校空間」の提案の際に出てきた「配慮の行き届いた教室はどこも同じで個性が無く、味気ないと感じる」といった生徒たちの不満は、どう解消されたのだろうか。

河合勇人監督の映画『鈴木先生』の中で、私が最も印象的だったのは、「手がかからない」とされていた生徒が、「手をかけてもらえなかったこと」に対して異議を申し立てるシーンだ。むろん、困っている生徒に焦点を当てることに異存はない。しかし、その問題を解決するにあたって、ほかの生徒たちを置き去りにすることもしたくはない。この例で言えば、プロジェクトからの提案をどう感じるのか、どのように折り合いをつければ多くのクラス成員が納得できる居心地のいい教室空間を作れるのかについて話し合い、生徒たち自身が落としどころをみつけることが必要だったのではないかと思う。

松山市議会初のトランスジェンダー議員となった渡邉啓之さんはテレビインタビューで「何も特別なことを望んでいる訳ではない。普通に接して、対応してほしい」と何度も繰り返す。その視点から考えると、ＡＬＬＹバッジでの表明も、今後変化が望まれる取り組みだ。バッジをつけた人だから、相談できるということではなく、生徒が相談したいと思う人には、誰でも普通に相談できることを目指す。職員を相談できる相手か否かで分断することなく、学校全体で全ての生徒の思いに応えるシステムの構築に期待を寄せたい。その鍵となるのは、やはり生徒自身から申し出のあったプロジェクトへの生徒参加ではないだろうか。生徒達が当事者として主体的に活動することで、幾重にも可能性が拡がることを予感する。

2　プロジェクト型学習の効用

プロジェクト型学習とは、ＰＢＬ（Project Based Learning）、課題解決型学習とも呼ばれ、現指導要領の目玉とも目されている。一般のプロジェクトと違い、目標の達成よりもその目標を実現すべく行動するなかで、思考力や計画性、実践力など様々なスキルを身につけることが主目的である。生徒自身が課題を発見し、自ら自主的な学びを紡ぐ協働的な学びの経験が、教育課程を離れた後にも、市民として地域や社会の問題に協働的に取り組む意識を高揚させることへの繋がりが期待できる。

中高一貫の5年間をかけ、プロジェクト型学習をふんだんに取り入れたからこその、集団での成長の様子が味わえるのが、清水実践である。注目すべきは、生徒自身もコメントしている通り、児童労働、飢餓といった遠い世界の出来事に関する問題設定から、ジェンダー平等やオンライン授業に関する要望の提出という自らに関わるものに変化している点であろう。私が出逢ってきた生徒たちの討論場面を見ても、自らの生活の問題よりも、世間で取り沙汰される大きな課題を扱う方が白熱する傾向があった。互いに利害関係がなく、あけすけに発言することが可能で、どう結論が出ようとあまり実際の人間関係に響かないことが要因なのであろう。実生活の改善となると、目の前の人物に対して、自らの要望を伝えなければならず、自ずとハードルが上がってしまうのだ。社会を変えるに至るには、まず、自らの願いに気付くこと、そしてそれを身近な人々と共有し、解決に至る道筋を探ることが必要だ。清水実践の中には、「願いを共有する仲間」とつながるための「プロジェクト」が多く登場する。生活指導で「集団づくり」と呼ばれてきたものを育んできたのは「学校行事」を作っていく活動である。「チームを勝たせる責任を負う各クラスのリーダー」と、「運営に責任を負う実行委員」という立場が違う生徒たちが協働していく、「同じ意識を共有した『仲の良いメンバー』」だけで取り組むのではない、「学校行事」はやはり、生徒たちに飛躍的な変化をもたらす。そうした根幹は変わらないことを感じさせてくれる実践である。

その一方で、贅沢を言うならば、自らの「願い」の掘り起こしが、もっとダイナミックに行われて欲しいとも思う。リベラルな運営がなされている私立高校ならではの恵まれた環境の中で、生徒たちがのびのびと活動できている「プロジェクト」も魅力的なのは間違いない。しかし、生活の中で抱えている自らの「やむにやまれぬ課題」を認識し、表明することや、身近な他者のそのような課題に自分事として取り組むことで拓けていく世界の広さは限りがない。近年、生徒総会の議題をクラスで話し合わせても、要望が出てこないことも少なくない。恵まれすぎていて、要求が無いなどと言われることもある。しかし、どんな現状であれ、新たな視点で見つめることで課題は浮かび上がってくるはずだ。前例を踏襲することをやめ、当たり前だとされていることを疑い、新しい切り口で課題を設定する。その根源的な営みが、本当の意味で社会を変えていくことに繋がるのではないだろうか。

3　毎日がプロジェクト

「集団づくり」が「プロジェクト学習」を支えていることは、清水実践に見て取れる通りだが、佐藤実践の中では、ホームルーム担任が日々行っているクラスでの活動の多くが、「プロジェクト」と名付けられている。「プロジェクト」と呼ぶ理由を、佐藤さんは「だってその方がかっこいいでしょう」と語る。それぞれの取り組みのリーダーを「部長」と呼ぶのも、同じような意味だと言う。実際に、名づけは有効である。言語化により意識を高めることが、現状の認識をクリアにし、よりよい結果につながることが、多々ある。どんな小さな活動も「プロジェクト」と名付けて、達成感を盛り立てたことが、この実践のひとつの鍵だといえよう。

入学後の登校初日に行われた、担任主導のバレーボール大会は、「無計画なLHRの大失敗」としながらも、「大興奮の担任の全力応援に『あれ？今までの学校と違うかも？』と生徒」が感じたことで、「最初のつかみは大成功」だとも書かれている。つまり最初の「佐藤りかプロジェクト」は、表面的には失敗したかにみえるが、不本意入学者や問題行動の申し送りのある生徒たちの澱んだ雰囲気に早い時期に一投を放つ意味で、大成功だったわけだ。プロジェクトは、まず、目的が明確であることが必須であることが感じられるエピソードだと言える。

学校祭や体育祭といった学校行事では、多くの部長が誕生する。「『誰でも部長はできる』という感じがクラスの中に広がった」ことがこの取り組みの成果ではないだろうか。私も、クラスを作る際にはいつも、固定したリーダーが常に前に立つのではなく、トピック毎にリーダーが何人もたちあらわれ、それを賢いフォロワーたちが支えていくことを理想に掲げている。ちょうど、先日1年生と読み終えた鷲田清一氏の評論にも、似たような主張があり、そのような社会こそが、強いしっかりした社会なのだと述べられていた。「部長」を交代で務めた経験は、佐藤クラスの面々にとって、きっと卒業後も様々な場面で、ちょこっと「部長」を引き受けるきっかけになっていき、周りの人々にまた、「『誰でも部長はできる』という感じ」をあたえていくこととなるであろう。

多くのプロジェクトの中で、見学旅行での海での花火大会・お化け大会中止を回避するためのプロジェクトチームの行動は、白眉に当たる。教師の側から中止を告げられても、イベントを実施するためのルールをプロジェクトメンバー3人が考えだし、それを周知し、実現のために係を配置することで、無事にイベントは完遂される。それまでの多くの活動の中で培われてきた、協働の経験や企画する力の蓄積が感じられる。

このような生徒の成長を支えたのは、佐藤さん自身が書いている通り、「決定する権利」が常に生徒にあったことであろう。私自身も、前任の定時制高校での経験を思い出した。自由な校風の中で、初めて学校生活を自らの手で仕切ってきた生徒たちが、生徒会長に何人も立候補したり、答辞の読み手になることを争ったりと、驚くほどの主体性と積極性を発揮するようになっていく様子は、感動を覚える程だった。現在、小中学校で吹き荒れているスタンダード教育とは真逆の、自己決定を積み重ねていく学びが、自らの思いを語り、行動するちからを育てていくのである。「失敗は許されるし、ちゃんとしてなくても部長はできるし、誰でも意見することができる」ことを実感した生徒たちは、自らの存在の意義や学校で学ぶ楽しさを存分に味わい尽くし、その結果として一人として欠けることなく卒業していったのである。

しかしながら、佐藤さんの実践報告は、日々の実践を「プロジェクト」とするための視点や意図した目的については、ほとんど筆致がない。実践の中に埋もれている実践者の心組みは、読者にとって自らの実践の羅針盤にとなるものだ。今年の大会基調発題で、そのあたりがつまびらかになることに期待したいと思う。

4　町に新しい風を吹き込む模擬議会実践

プロジェクト型学習での学びは、主に「総合的な探究の時間」での実施が念頭に置かれている。資料に当たると、文部科学省は今回の指導要領の中で、プロジェクト型学習を通じて以下の二つの点を目標に置いているように読み取れる。ひとつめは高校での学習を魅力化すること、ふたつめは地域に密着した探究活動を設定することで、地域との協働による諸活動を展開し、高校生の地域への愛着を深めることだ。そして、この両者の目標の向かうところは、IターンUターンを誘発し、人口減少対策に寄与するということらしい。地方創生のための国家の大きな物語に、高校での学びが利用されていると考えると、あまりいい気はしない。しかしながら、中央から遠く離れた地域で長く教壇に立ち、多くの卒業生を送り出してきた経験から、その目標は、生徒たちのために読み替えることも可能だとも感じる。私の暮らす沖縄県では、若年者の失業率が長年の課題となっている。そのため、自分の生まれた地域を離れずに生活していきたい、と願いながらも、就職を機に沖縄を離れる卒業生も少なくない。そのような生徒にとっては、都会に出なくてもさまざまな活動が可能だという認識を持てたり、積極的に地元での生活を選び取る道を拓けたりするという意味で、このような学習を意義あるものにもできる。そして、それをそのまま体現しているのが、酒田実践である。

実践の舞台は、3年生41人しか在校しない閉校を控えた六戸高校である。去年の夏の大会の分科会での話によると、生徒たちは学力に難を抱えている場合が多く、人前で発表することもあまり得意ではないようだった。そんな彼らが、実際に町議会の場で、質問に立つ。議会側にしてみれば、町から高校がなくなってしまうにあたって、最後のイベント的要素も大きかったのではないだろうか。しかしながら、酒田さんの「さつき沼ビオトープ・プロジェクト」に深く関わった新人町議会議員Mさんの尽力もあり、取り組みは意義深いものになっていく。

テーマは生徒たちが選んだわけではなく、割り当てられたもののようだ。生徒たちの興味関心に沿って選ばせるべきではないか、という意見もあると思うが、私は、与えられたテーマについて調べて、深めて、考えていくスタイルにも、意義があると感じる。もともと興味があることであれば、エネルギーを注ぎやすいとは思うが、学校にあまり気持ちが向いていない生徒にとっては、自らの課題設定がまず難しく、設定をしたところで、無理やりひねり出したものを深められない様子によく出くわす。テーマ設定でエネルギーを削がれるよりは、自分が全く知らないテーマと出会い、学びを深めていくことも新鮮な体験になるのではないかと思う。

「議員には一度も質問をしたことがない人や今回の模擬議会を理解していない人もい」て、「質問づくりのイニシアチブは議員にあまり期待できない」ため、「住民からのヒアリング↓地域課題の発見↓政策立案↓質問という手順」が考案される。しかし、かえってこのことが、この取り組みの意義を深めることになった。「子育て中のお母さん目線」や「インドネシアからの研修生」目線といった、高校生ではなかなか思い及ばない立場の人の実際の生活課題の聞き取りから始めて質問(要望)作成をすることは、多様な人々の存在を実感し、そんな人々が自分では予想だにしない事情を抱えていることを思い遣れるようになることに、言うなれば異質協同の世界を立ち上げることに繋がっていくのである。それこそがSDGsゴールを目指すひとつの実践だと言えるだろう。生徒たちは、初めて議員と交流する中で、馴れ合いのような議会の様子や、議会に女性が全くいないというジェンダーギャップについて素朴な違和感を覚える。それはやがてある議員の女性蔑視発言によって顕在化し、自分たちの高校のある町に内在する「現代的課題」の発見とそれを是正したいという意識を生むことに繋がっていく。女性蔑視発言に関しては「①当該班の生徒に対し当該議員が謝罪する ②当該議員による生徒への接触は今後行わない」という処置がとられ、生徒が希望しなかったせいか、抗議文などの提出は行われなかったようだ。しかし、できれば生徒の言葉で問題点を言語化して欲しかったと思う。それが、被害を受けた生徒にとっても、加害者である議員にとっても大きな意味を持つのではないか。様々な出来事で自分事にできた、身近に潜んでいた問題は、きちんと言葉にされることで整理され、普遍化していく。この事件の後も、Rさんの再質問に「どよめきと笑いが起こ」るなど、議会の雰囲気は容易には変わらない。このような取り組みは遅々として変わらないものである。しかしながら、やはり言葉にすることで何度も振り返ることができ、初心に立ち返ることができる。経験を言葉として記録することの有意義さは、常に意識したいと思う。

ジェンダーや性的指向に関する問題は、生徒たちにとってもまだまだ十分に認識できないものなのだろう。議員たちとの顔合わせの際に使われたサイコロトークの質問に入っていた「初恋の話」が、そこに抵触することに、このやりとりの後、生徒たちは気づけたであろうか。このような感覚は、机の上で学べるものではなく、やはりこのような実地の経験で培われていくものであろう。

高生研の全国大会で、模擬議会の取り組みを取り上げた広報誌を実際に拝見した。扱われ方が大きかったこともさることながら、広報作成者の視点が生徒側に立っていて、議会に対して厳しいものになっているのが印象的だった。また、模擬議会の後に行われた町会議員選挙で、女性議員が誕生したとも伺った。生徒たちの行動が、町に波紋を起こしているのは間違いない。都会のエリート校ではなく、地方の町の、廃校になってしまった高校でこのような実践が行われたことは、どこでも、工夫をすれば可能であることを示唆してくれている。社会に深く関わっていく、十八歳を市民にする取り組みとして、私も工夫して真似してみたいと思っている。

5　実践体験型の学びを

プロジェクト型学習には、大きく分けてチュートリアル型と実践体験型の二種類があるとされている。チュートリアル型とは、架空の問題・課題やストーリーをもとにして学習をすることを言う。仮想のストーリーをもとにして、必要に応じた課題を設定することができ、外部と関わる必要がなく、手軽にできるため、多くの学校では主流の学習形式になっている。

それに対して、実践体験型では、チュートリアルのような仮想のストーリーではなく、実際の問題・課題をもとに学習することになる。チュートリアル型と違い、生徒の問題意識や実際の存在する課題から出発するので、本当の意味で腑に落ちる学びを得ることができる。今回の実践報告はすべて、実践体験型である。実践体験型の学習は、自治体や企業、団体など、外部との連携が必要になるため、実現は容易ではないとされている。しかし、学校の中にいても、自由の森学園での実践や、佐藤実践のように学びのタネは限りがない。自分たちの困りごとを掘り起こし、仲間とつながり、解決策を探る。その経験を積んだ生徒たちが、きっと頼もしい主権者として、しなやかな社会を作っていってくれると思う。

（いとう　かおり）

特集1 プロジェクトでわくわくするとき

研究論文

幼小中高でつながる探究
―レッジョ・エミリア市立幼児学校の思想から―

お茶の水女子大学　小玉亮子

1　はじめに

定年の近いある大学教員がその昔、大学4年生で卒論に取り組んでいた時に、社会科学系の指導教員から次のようなことを言われた。研究というのは、一匹狼のゲリラ戦なんだよ。目の前は、草むらかもしれないし、鬱蒼と木が茂ったジャングルかもしれない。でも、そこには道もなく、どこに行けばよいのかわからない、そういったやぶの中のようなところをかき分けて、がむしゃらに、走っていって、そうしたら何かを見つけるかもしれないし、ダメかもしれないし、とにかく走り出せ、と（この時の大学4年生は、私自身のことであるが）。

この突き放すような指導教員の言葉は、当時の大学4年生には理解できなかったし、学生が教員に期待したのは、テーマの確定の仕方であったり、研究を進める方法論であったり、そういうものだった。もちろん、この時大学生だった現在の大学教員は、現在の指導生にゲリラ戦だ、などとは、決して言わないし、論文を書くための手順、先行研究の収集と分析の仕方、研究手法の吟味、エビデンスの重要性など、できる限り丁寧に対応している。しかし、実は、このかつての教員の言葉は、研究を進めていく中で、いくつか極めて重要なことを指摘しているとも言える。特に、研究という言葉を探究という言葉に置き換えてみるとよりそれが見えてくる。

自分がどこを目指すのか行き先が決まっているわけで

もない、そしてどう進んでいったら良いのかもわからない。そういった中で、未だ誰も通ったことのない未知の場所に挑戦する。そこには、ゴールはなく、先を見通す地図もない、求めるべき正解が何なのかもわからない。こういったことが探究において重要になる。

すなわち、探究とこれまでの学習が決定的に異なるのは、計画もなく目標もない、何より正解があらかじめ存在しているわけではない。探究という言葉で求められることとは、こういった予測不能な未知の世界に踏み込んでいくことであるといえるのではないだろうか。

これは、イノベーションという言葉とも親和性を持つ。元々経済学の領域からの出自を持ち、技術革新や新機軸といった言葉でも言い換えられるイノベーションは、これまでにないものを創り出す試みである。

これまでにないもの、というのは、もちろんこれまで蓄積されたデータと無関係ではない。しかし重要なのは、これまでのデータから推測されるものではないということだ。すでに私たちはこれまでのデータから予測された数値が、将来どころか現在を語る上でも、エビデンスにならないことを次々と知るようになってきた。例えば、気候について考えてみる。8月の平均気温といったものが、もはや、この夏も、この前の夏にも当てはまらない事態になってきていることを想起してみよう。去年も今年も過去最高の暑さという言葉が繰り返されている。この地域では50年間経験しなかったような洪水というものが、あちこち至る所で発生している。そういった言説が毎年語られているというのは、平均気温という言葉がもはや意味を持たず、年間降水量はこれまでのデータから予測不能になっていると言えるのではないだろうか。

人口も同様である。合計特殊出生率、すなわち、一人の女性が一生のあいだに産む子どもの数というジェンダー化されたフィクションによって、日本では人口変動を把握してきた。１９８９年に合計特殊出生率が1・57となって「1・57ショック」という言葉ができたが、その後、この数値は低下し続け２００５年には1・26で底を打ち、その後上昇傾向が続いたが、２０２２年には再び1・26になった。ところが、他方で、実際の出生数は、着々と減少し１９８９年に１２０万人余だったところ、２００５年には１００万人ほどになり、２０２２年には、77万人程度になった。つまり、日本社会が、合計特殊出生率という女性が出産しているかどうかという観点からの人口チェックをしてきたここ30年ほどの間に、現実に生まれる子どもの数は５００万人以上減少したということである。これは少子化が問題化されるようになった１９９０年の60％ほどの出生数である。

　これまでのやり方だけでは、もはや見間違うのではないか。新しい考え方、新しい仕組みを創出していかなくてはならない。このような「予測困難な時代に、一人一人が未来の創り手となる」べく、日本におけるナショナル・カリキュラムにあたる学習指導要領において「探究」という言葉が前景に出てきたのは、必然的な動きともいえよう。以下、この探究について、イタリアのレッジョ・エミリアの幼児教育実践から検討してみたいと思う。

2　探究

　探究という言葉は、２０２２年度からの高等学校の学習指導要領において「総合的な探究の時間」の中で周知されている。この高等学校の探究について、イタリアの幼児教育の実践から議論するというのは、かなり距離があると思われるかもしれない。しかし、小学校や中学校において、科目としては「総合的な学習の時間」のままであるものの、そこでは、「探究的な学習」という言葉で、探究が強調されるようになっていることを考慮するなら、高等学校だけでなく、中学校や小学校においても、探究がキーワードとなっているのであって、そう考えると、幼児教育はそれほど遠い話ではなくなる。

　では、学習指導要領において探究はどのように定義されているだろうか。高等学校学習指導要領では、以下となっている。

> 　探究の見方・考え方を働かせ、横断的・総合的な学習を行うことを通して、自己の在り方生き方を考えながら、よりよく課題を発見し解決していくための資質・能力を次のとおり育成することを目指す。
> (1)探究の過程において、課題の発見と解決に必要な知識及び技能を身に付け、課題に関わる概念を形成し、探究の意義や価値を理解するようにする。
> (2)実社会や実生活と自己との関わりから問いを見いだし、自分で課題を立て、情報を集め、整理・分析して、まとめ・表現することができるようにする。
> (3)探究に主体的・協働的に取り組むとともに、互いのよさを生かしながら、新たな価値を創造し、よりよい社会を実現しようとする。（高等学校学習指導要領：４７５、以

下、傍線部は筆者による）

実はこの文言は、中学校や小学校の学習指導要領においてもほぼコピーされており、内容において違いはほとんどない。異なる点を強いていうなら、最後の高等学校では「より良い社会を実現しようとする」となっている部分が、小学校の方では、「積極的に社会に参画しようとする」となっており、高等学校の方がより、社会の担い手である点が強調されているところであろう。この違いは、小学生と高校生の違いを発達段階的に見ているもので、高校生の方が卒業後すぐに社会の担い手になる可能性を想定して、この文言が作成されたと考えられよう。このような発達論的にとらえる見方に立つ、未熟なものからより成熟したものへという定型的な子ども理解それ自体が、以下で論じるようなレッジョ・エミリアの幼児教育の考え方に立つと非常に問題になるのであるが（ダールベリ・モス・ペンス　２０２２）、それについてはここでは問わない。

差し当たり、探究を考える上で重要なことは、この二つの文言の中には、キーワードとなると同時に、論争的な同じ言葉がいくつか示されている点である。それが、引用に傍線を引いた「過程」であり、「概念の形成」や「新たな価値を創造」することであり、「主体的に、協働的に取り組む」という点である。

実は、これらのキーワードは、レッジョ・エミリアの幼児教育実践においても重要なポイントとなっている。そこで、幼小中高のすべての学校種の違いを超えて、そして何より、それらを貫く「探究」を考える上で、これらのキーワードがいかなる点で、鍵を握る論点となりうるか、レッジョ・エミリアの幼児教育から明らかにしていくこととしたい。

3　レッジョ・エミリアの幼児学校とその教育思想

探究のキーワードを検討する前に、レッジョ・エミリアの幼児教育と言われるものはどのようなものであるかを簡単に確認しておきたい。

イタリアの北部の一都市であるレッジョ・エミリア市の幼児教育は、すでに１９８０年代より世界から注目されてきた。そのような中、幼児教育の分野を超えて、世界に広く知られるようになった大きなきっかけの一つは、

1991年にアメリカのニューズ・ウィーク誌で「世界で最も優れた10の学校」という特集で、幼児教育の分野での優れた学校として、レッジョ・エミリア市にあるディアーナ幼児学校が取り上げられたことにある。しかし、注目されるようになったのはこのディアーナ幼児学校一校だけではなかった。というのも、この幼児学校は、レッジョ・エミリア市全域にわたる30を超える公立の幼児学校を代表する一つであったためで、そのためにこの一校の教育実践を超えて、市全域の教育実践とそれを支える教育思想が注目されることとなった。これについては、日本でもすでに多くの紹介がなされてきているところであるが[注1]、レッジョ・エミリアの幼児教育の起源は、1860年代まで遡るもので、レッジョ・エミリア自身が現在の自らの幼児教育が200年近い歴史的文脈の中で作り上げられてきたと考えている[注2]。

とはいえ、現在注目されている幼児教育実践は、戦後、ローリス・マラグッツイを中心として、多くの人たちの手によって作り上げられてきたもので、それは現在でも変化し続けている。ここでなされている探究について知るには、マラグッツイとともにレッジョ・エミリアの幼児教育実践を作り上げてきたカルラ・リナルディの議論が参考になる[注3]。そこで、以下においてリナルディがレッジョ・エミリアにおける「プロジェクト」が何を意味するのか、という質問に、三つの観点から説明しているところに注目しながら、探究について考えてみよう。

まず、リナルディは、プロジェクトにおける学習について、次のように語る。

「学習は、直線的な仕方では進行しない。その進行は決定されたものではないし、決定論的な性質のものでもない。予見可能な段階を踏んで順々に進んでいくわけではないのである。その進行の仕方はむしろ同時的であり、立ち止まったり後退したりして、その動きはジグザグである」(リナルディ 2019:256)

ここで重要なポイントは、リナルディが学習の進行は決定されたものではない、段階を踏んで進んでいくわけではない、と論じているところである。このことは、まさに本論文の冒頭で述べたような行く先が決定されていない、段階が見えない、ということであり、それこそが学習であるという。確かに、私たちの学びは順調に進むとは限らない。覚えたと思ったら忘れている。わかったと思ったら、実はわかっていなかった。学んでいることからどんどん横道に外れたことの方が面白いと思う。まさに、実際の学びの過程は、整った道をあらかじめ入手した地図に従って進むというより、ジグザグしながら、ジャングルの中を進むようなものではないだろうか。

次に、ここで語られた学びの過程（process）こそが、重要であるとリナルディが語ることに注目しよう。

「知識は集団的なプロセスの中で構成されていくものだ。他者たちの理論や仮説に育まれて、また他者たちとの葛藤を経て、それぞれの個人が育っていくのである。時には同意し、時にはそれじゃダメだよと言われながら、破片をつなぎ合わせるようにして、他の者たちと一緒に知識を構築していくのである。はやい話、我々の現実解釈の図式に改定を迫るのはいつもきまって葛藤やトラブルなのであって、それは子供の場合も大人の場合も変わらない」（リナルディ２０１９：２５６）。

ここでのポイントは、集団的なプロセスが、知識を構築していくということである。学習指導要領で語られた「概念の形成」や「新たな価値を創造」するということは、リナルディがいうところの「知識の構築」と重ねて議論することができるのではないだろうか。そして、この構築は、他者と一緒になされるものであるという。このことは言い換えるなら、学習指導要領で使われている「協働的」と言ってもいい。すなわち、知識の構築は、協働的なものと言い換えることができる。

しかし、ここで、リナルディが強調しているのが、「葛藤やトラブル」であることに注目する必要があるだろう。むろん、「他の者たちと一緒に」というと協働的であることを想起させる。しかしながら、協働的という日本語では、まずは、他者との相互に助け合いの関係が想定されるのではないだろうか。しかし、リナルディはそうではなく、むしろ、他者との対立や葛藤といった関係こそが、「現実解釈の図式に改訂を迫る」、すなわち、新しい地平を切り開くものとなると論じているのである。

そして、最後に、以下のように語る。

「子どもたちは自分たちの理論を産出する。この理論が、彼らの探究のバネになるのだ。それには固有の価値と意味があり、また固有のタイミングがある。それらが相俟って、学習のプロセスを意味あるプロセスたらしめ、それを方向付けているのである。このタイミングを理解し、尊重し、支えることが非常に重要だ」（リナルディ２０１９：２５６）。

すなわち、ここでリナルディは、子どもたちの探究の価値と意味とタイミングを「理解し、尊重し、支える」ことの重要性を強調しているのであるが、このことは、探究における教師のあり方を論じているとも言える。さらに、別のところでは、次のような議論をしている。

「教育のプロセスに関与する者は、実のところ、自己の成長・発展と戯れているのですが、それは、自らの予期と投企をベースにして遂行されます。教える者と教育されるもの、教えるものと学ぶ者との間には、常に相互的な力学が働いているのです。そこには参加があり、情熱があり、思いやりがあり、感情の交流があります」（リナルディ2019：191）。

ここでは、子どもたちの探究を教師が援助するという構図を超えて、教師自身の成長・発展が相互的な力学の中で遂行されている、という。子どもは他の子どもとともに探究を進めているだけではなく、子どもと教師の相互的な力学の中で探究している。協働的な学びを考えるときに、子ども同士の協働だけでなく、子どもと大人の協働がここで想定されるといってもいいだろう。

4　おわりに

探究は、リナルディの議論を踏まえれば、学習指導要領が設定しているような子どもが学ぶ課題ではないことが明らかになる。むしろ、リナルディは「教師としての自己形成」との関係で子どもの探究を語る。

まず、教師としての自己形成とは、「学ぶことでしょう」と断言する。そして、「分別顔、既定性、前もって構成されたもの、確かとされているもの、そうしたものから一切離れて立場すること」さらに、「対象と思惟、行うことと振り返ること、理論と実践、感情と知識、両者の往復運動のその現場に降り立つこと」という。最終的には、「おそらく、道はただ一つ、不断の探究、しかも最後までみつかりはしない道を探り続けることでしょう」（リナルディ2019：192）。まさに、教師自身が、子どもと共に未知なるものに向かい、最後まで見つかることのない、道を探り続けることが求められている。

以上のように、レッジョ・エミリアの幼児教育思想を通して探究を考えると、そこには、子どもに探究をさせる教師という教師像は否定される。[注4] そうではなく、他者と葛藤しながら、子どもと共にジャングルの中に分け入っていく教師のイメージが浮かび上がってくるのではないだろうか。

（こだま　りょうこ）

注1　さしあたり、浅井（2023）、浜田（2023）、小玉（2023）を参照。

注2　Reggio Children（2012）では、レッジョ・エミリアの幼児教育実践を、1860年代から振り返って記述している。なお、本書の邦訳は2024年に刊行予定。

注3　以下、リナルディ（2019）において、翻訳者の里見実は「探求」と訳している。本論の引用は翻訳書を参照しているが、筆者の責任において探求は探究と変換した。

注4　なお、「子どもに探究させる」だけではなく「子どもを主体化させる」問題については、小玉（2024）を参照。

〈参考文献〉

浅井幸子（2022）「トランスナショナル・ドキュメンテーション―レッジョ・エミリア市の幼児教育の記録の歴史」、小玉亮子・一見真理子編『幼児教育史研究の新地平 下巻―幼児教育の現代史』萌文書林、327-354

Dahlberg, G., Peter, M., Pence, A.R. (2007＝2022) Beyond quality in early childhood education and care : languages of evaluation, Routledge（ダールベリ、モス&ペンス著/浅井幸子監訳『「保育の質」を超えて：「評価」のオルタナティブを探る』ミネルヴァ書房）

浜田真一（2022）「ローリス・マラグッツイの思想と乳幼児の学びへの挑戦―レッジョ・エミリアの保育」、小玉・一見編前掲書、232-259

小玉亮子（2022）「指定討論」、東京大学大学院教育学研究科附属発達保育実践政策学センター『レッジョ・エミリアの幼児教育の学び方を学ぶ：スウェーデンのレッジョ・インスピレーションシンポジウム報告書』17-21

小玉亮子（2024）「教育における〈主体〉を超えて」お茶の水女子大学附属小学校『児童研究』34（刊行予定）

Reggio Children (2012) *One City, Many Children: Reggio Emilia, a History of the Present*, Istituzione of the Municipality of Reggio Emilia and Reggio Children

Rinaldi, C. (2006＝2019) Dialogue with Reggio Emilia: Listening, researching and learning, Routledge（カルラ・リナルディ著/里見実訳『レッジョ・エミリアと対話しながら：知の紡ぎ手たちの町と学校』ミネルヴァ書房）

ミニ実践 どうやっているの？HRづくり
—生徒が当事者になるとき—

そっちへ行ってしまわぬように

公立高校　一色直久

初担任、1年生を受け持った。入学早々、クラスの洋平に関して、「一方的に話している」「一人で歌っている」などの話が教員らから寄せられた。生徒の抱えているものが出てきて、その現実に考え込むとともに、彼のことをまったく知らない私はただ困惑していた。毎日のように話をしてくれる彼だったが、短いやり取りに終わっていたので、時間が取れた放課後におしゃべりをした。洋平は好きな動画の話をずっとしゃべるばかりで、質問しても自分の話に舞い戻ってしまい、入学間もない今の気持ちなどは、まったく聴けなかった。私はただ彼の話を楽しく聞くばかりだった。

彼のことを知ろうとしている矢先、洋平が他学年の女子に付きまとっているという情報が入ってきた。帰りに、途中まで一緒に来たりするまでだという。これについては、生徒指導主任による注意を受けた。注意を受けると、彼は自分の行動のまずさに気づくことができ、反省していた。段々と彼が男女問わず、話したいときに話したい人のところへ行ってしまうことがわかってきた。そして、決して悪気はないということがわかってきた。

クラスでも、状況に合わせられない行動がいくつかあり、クラスでも不満が語られるようになってきていた。洋平がクラスで浮いてしまうのではないか、いじめにならないか心配になった。遠足の班を決めるのも間もなくだった。きっとひとり余ってしまうに違いない。自分のクラスではそのようになってほしくない、彼のことを知り、彼の特性を温かく見守ってあげるようにしたいと思った。班決めは先延ばしにした。

クラス委員長とは、しばしば洋平のことを話していたが、全体で彼のことを考えたいと思い、クラス委員会の中での議題に上げた。特段、非難するような発言はなかったけれども、彼の言動はクラスに不満を与えていた。彼に変わってほしい、授業のテンポ崩しや、女子に付きまとうことを止めてほしいと。委員の中には特に一方的に話しかけられている生徒もいたので、「よく話しかけられているよね…」と切り出し、話し合うことで支えた。とにかく彼の知らないところで、皆の不満を表明し、話し合う場をつくろうと話して終えた。

支援会議で洋平を除いた話し合いを考えていることを話すと、まずはクラスで先生の考えを話した方がいいと言われた。後日、誰の名前も出さず、誰にでも苦手なことがあるというような話を途切れ途切れのひどい話し方になりながら話した。終わったあと、委員長に「いろいろ配慮しすぎて、伝わっていないと思います」と言われた。その日の放課後、委員長と洋平の話になった。皆が洋平に注意しても変わらないことから、「彼が変わってくれれば…」とこぼした。私は、「皆は注意するけど、洋平から、彼が思っていることや、感じていることを聞けたことがないよね」と言った。彼のことがみんなわかってないのだから、こちらが変わるべきだと気づいた。彼が聞いてくれないのなら、こっちが聞くようにしようと言った。この日の夕方、薄暮の中を副委員長たち4人と門で出会った。話は洋平のことになった。やっぱり洋平抜きでの話し合いが必要と考えていて、明日の放課後に集まれる人を集められないかと話した。明くる朝、密かに副委員長が中心となって声を掛けてくれた。放課後となり、洋平が教室を出てから、15人くらいが集まった。私は「みんな、彼のことがいまいちわからないよね。委員長と話す中で、こちらが変わっていくしかないと気づいた。彼が一方的に話しかけてきたら、できる範囲で話を聞いてあげてほしい。切り上げたかったら、言えば彼はわかるから」と話した。真剣に聞いてくれた。それから、彼の話を聞いたり、話しかけたりしてくれる生徒が増え、交流が生まれてきた。

再び他学年の女子に洋平が付きまとっているという。私はその女子生徒に、彼には悪気はなく、仲の良い先輩と思っていることを説明し、洋平には彼女から聴きとった思いを伝え、どうしてそうなってしまったのかを丁寧に説明した。彼はよく聞いてくれた。これ以降、付きまとうことはなくなっていった。

段々と落ち着きはじめ、ひと月ほど延期し続けていた遠足の班を決めることにした。結局、余ってしまったけれども、生徒たちが話し合って、洋平は入りたいところに入ることができた。

今では、良さも知られてきている。いつもスマホに熱中して、皆に注意されたりしているけれども、なじんで、当初心配していたことは起きていない。

ミニ実践

どうやっているの？
HRづくり
—生徒が当事者になるとき—

COMMENT

受け入れる先にあるもの

正則高校　小林孝臣

　初担任で洋平みたいな生徒がいたら、自分だったらどうクラスづくりを進めていこうかとても悩むし、誰しもがこれから起こるであろうトラブルを想像し、心中穏やかでいられないだろう。しかし、クラスではそういう一色さんの懸念を自分達で乗り越えていく様子が窺える。どうしてそうなっていったのだろうか。

　まずは一色さん自身が洋平を知るというところから始めていることが挙げられるのではないだろうか。なかなか洋平のような生徒は理解されずに、特異な生徒というレッテルを貼られ、そのまま3年間を終えてしまうケースも少なくないだろう。実はその特異さは何であるのかを洋平や周りのクラスが追求し、そのことから自分達の有り様を考えていくことこそ教育的な意味があるのだと思う。一色さんは洋平のペースに合わせながら丁寧に対話する姿勢をつくりつつ、クラスにも洋平の理解を進める橋渡し役をうまく担っている。結果的に一色さんが洋平を知ろうと対話を重ねることは、洋平自身にとっても自分のことを知るという経験にきっと繋がっていったのではないだろうか。

　もう一つは、クラスと洋平が出会う機会をつくられたことが挙げられるだろう。クラスの状況に合わせられない洋平に不満が語られるようになってくることは容易に想像できる。洋平を自分達の常識に合わせようとする機運が強まる中、一色さんも策を講じるが不発に終わってしまう。生徒からの「いろいろ配慮しすぎて、伝わっていないと思います」という言葉はさりげない一言だが、とても意味のある言葉であるように読んだ。何より一色さん自身が洋平を配慮しすぎていたということを気づかされた瞬間であったのではないだろうか。それは洋平、クラスどちらに対してでもあったのだろう。その後、生徒達自身が洋平に対して「変わってほしい」と思っていた捉えが変わっていく。一色さんからの言葉がけから「洋平を変えよう」ではないクラスづくりが再スタートしていく。洋平のような生徒がいるクラスづくりは苦労が多いだろうが、そんな洋平を巡ってのやりとりを楽しみながらHR運営をされている報告に心温まる思いになる。

特集2

自分たちで考え生き抜く学び

私たちは、理不尽な日常をただ受け入れるのではなく、自分たちで考え生き抜いていくことに、日々心を砕いています。

実践者はどういう意図をもって学びの種を蒔き、生徒たち、そして実践者はどのように当事者の声を聴いたのでしょう。そのできごとから、何を学び取ったのでしょう。当事者の心を動かし、自分たちで考え生き抜いていく学びとはどのような実践にやどるのでしょう。……3本の実践記録と、3人の若者の報告から学びます。

実践記録①

男子高校生の「援助希求」行動向上のために
―相談室運営と文学の授業から―

公立高校　澤田あや子

1　命のヘルプを出してくれた時「僕はお父さんに似ていますか」

男子生徒Aは、「体調不良」による欠席が増え、担任が面談をした際に、「疲れた」「親のことについて話せるところがないか」とAが担任へ聞き、担任が「そうならば相談室へ」と返答し、その翌日に相談室へやって来た生徒でした。「自分は、母親に嫌われているのではないか」「死んだ父に、僕は似てきたのではないか」「母親が、僕の成績や、性格、行動を長い時間責める」などの話をAはし、父親が亡くなった夜のこと、父親が母親と口論になり、父親が出て行き、それきり戻らなかったこと、についてもAは語りました。私からは、「あなたがお父さんと似ているかどうかは私にはわからないが、私は、あなたがとても誠実に物事を考え、だからこそ、疲れ苦しんでいることがわかった」「お母さんがあなたを責めることは、お母さんの問題であって、あなたに問題があるのではない、あなたは、こうしてちゃんと人に心開いて話をし、人とつながれる人だ」と伝え、その上で、「大変な時、誰に頼れるか」と聞くと、彼は考えた後、「離れて暮らしているおばあちゃんは、責めたりしない、昔、自分が子どもの時と変わらない」と答えたため、「では、大変な時は、おばあちゃんを頼ってみてもいいし、また、私にも教えてくれ」と伝えその日50分程の面談を終えました。その翌朝、学校へAのお母さんから連絡が入りました。それは、「昨晩、口論になった後、Aが家を出て、そのまま帰って来ていない、警察に届けを出した」というもので、Aはスマホも、金もほとんど持たず家を出たということでした。彼の安否が心配されましたちょうど彼が家を出た時間から24時間経った頃、Aがおばあちゃんの家に帰って来たという連絡が入りました。警察から、Aが夜中歩いて一つ山を越え、〇〇の海岸へ行っていた、ということを聞きました。週末をはさみ登校をした彼に、私は「心配をした、帰って来てくれてよかった、どうしたのか」と聞きました。

「母と口論になり、あたまが真っ白になった、家を出て、歩いて山を越えた、少しお金があったので、始発の電車に乗り、〇〇の海へ行った」

「なぜ〇〇の海へ行ったのか」

「父がその海で死んだと聞いた、父が死んだ海へ行った」

「…なぜ、帰ってきたのか」

「…助けてくれる場所もあるかもしれない、と思った」

「お母さんも、おばあちゃんも、あなたが帰って来てくれて、喜んでいたろう」

「…はい、二人とも、泣いていた」

彼が、この世界のぎりぎりのところで踏みとどまり、こちらからの呼び声を聞いてくれたのには、彼が青年期の乗り越えには危機を体験しつつも、それまでの幼少期におそらく積み上げた他者への基本的信頼や彼自身の命の力、それを育んだ家族の力があるのだと思っています。彼は彼の力で、大事なこの局面に、自身を肯定する言葉を確実にくれるところを選び、そこに来ることができている。ただ、それでも、彼にとって、「自身を確実に肯定してくれる場所」が学校の相談室という形で、すぐ近くに、常時あり得て、その情報が彼らのキャッチできる形であったことは、彼のラッキーだった点ではないかと思うのです。高校生男子の彼らが、大人になろうとする過程に、ともに「母」との離別の問題も潜みながら、「弱った」自身をどこで言語化できるのか。それを保障してくれる安全地帯はあるのか。おそらく多くの男子が、そういう地帯について考えもせず、男子として弱った自身を世界の隅で閉じ、または葬り、あるいはそこから世界を呪っているのではないかと思います。男子というパワーの世界と、母という癒着の世界と離れ、それを対象化し、言語化できる場所の可能性を彼らがキャッチできるよう、それを高校相談室、授業者として、彼との出来事以降、より意識して言葉を選んでいます。

2　自ら相談する男子の数が多い学年の存在

私が相談室長を務めた全日制高校では、例年8％程度の生徒が何らかの形で相談室と関わります。スクールカウンセラーだけでなく、相談室の教員が相談や対応にあたることも、年間100単位であります。その利用生徒の内訳の男女比は同じですが、男子については、その保護者の利用が中心であり、生徒本人はあくまでも学校や保護者からの声かけに応じる形での相談行動です。その中、特定の学年の男子生徒の利用人数が大きく増え、そのほとんどが、本人自らの相談であるということが起こりました。他学年男子の「自ら相談人数」の、それは7〜8倍という顕著なもので、また偶然かもしれませんが、その学年では、いじめや問題行動が起きなかったのです。もちろん300人規模の学年の傾向とは、多層的なものです。要因になり得たと思えることをいくつか挙げます。

イ　男性担任団に、比較的「力で抑えようとしない」空気があり、生徒のことを一人で対処せず、保健室や相談室にすぐ相談する柔軟性がある

ロ　生徒の、リーダーの一人が、外国にルーツを持つ男子であり、リーダー性を持ちながらも、保健室や相談室にすぐ弱音を吐く、その姿を他の生徒に見せている

ハ　自身の性の微妙なグラデーション的なあり方をさりげなく公表している男子生徒が、学校の役割の中で積極的に活動していて、それを周囲が自然に受け入れている

また、この学年は、相談室長（私）が、1年から持ち上がりで教科担当をした学年でもありました。国語は、1年次は週に5時間、つまり毎日授業を行い、2年次では、単位が少なくなる分、学年のほとんどに授業に行っていました。授業でも、相談室長としても、私が生徒へ発するメッセージは一貫し、また校内で生徒への話し方や態度も基本的には全く使い分けずにいました。それが、生徒にとって相談室であり評価者でもあるという、相談において本来NGである多重関係性を相殺し、それ以上に、「援助希求」行動を高めたのではないか。それを一つの仮説とし

たいと思います。

3　相談室の実践から

A　新入生指導の学年集会で

入学直後の「新入生指導」に、「相談室から」の話を入れました。そこでは、「居心地のいい学校空間であるために」と題して、先輩芸人から「(外見を) いじってもらってありがたい」という女性の芸人のコメントなどを紹介し、どう思うか問いかけました。日本のジェンダーギャップ指数が120位であることにも触れると、高校生になったばかりの生徒たちは驚きの声をあげながらも、「日本は人権感覚が遅れているのかもしれない」と言うのにうなずく姿も見えました。そして、互いに対等であるために、「おかしいと思ったら、おかしいと言うことが大切、ただ黙って受け入れてしまわない」ということ、「あなたはおかしい、でなく、私はおかしいと思う、と言うのがポイント」と伝えました。その日のうちに男子生徒が2名相談室を訪ねてきました。一人は、「父親が僕にいつも長い説教をする、それがつらい」。もう一人はこの前に触れた性別にグラデーションのある「男子」で、そのことを話すわけではなく、「友達が作れるか不安」と言いながら、話しているうちにリラックスして、「ワタシね」とかわいいものが好きなことについて話す姿が印象的でした。

B　保健講座

2年生で行う保健講座では、2020年のユニセフのレポートの「子どもの幸福度」において、先進38カ国中、日本が「精神的幸福」において37位であることを最初に紹介し、抑圧や同調、「逃げるな」「おまえが決めたんだろ」「文句言わずにやれ」などの言葉がはびこる傾向について話しました。また、抑圧の結果としての心身症を、「アルプスの少女ハイジ」の、ハイジの夢遊病、クララの転換性障害を例として紹介し、摂食障害の、社会の要請に過剰に応えようとする側面や、ありのままの自分でいられない心の有り様について話しました。この講座では、全員の生徒に感想を書いてもらい、40人分くらいの感想A3両面を「相談だより」臨時号として全員に配布をします。生徒の感想には「こういった講座が3年に一度しかない、ということ自体、子ども若者の心を社会や学校は軽んじている」「自分もすぐ完璧でなくちゃと思ってしまうけど、皆、自信がないんだと思って、本当に安心した」などが寄せられます。

講座の後、初めて相談に来た男子生徒は、部活動のいわば中心を占める、日本社会縮図（女子はマネージャー）スポーツを小学校低学年から父親の影響のもとにしてきている生徒でした。最初は「自分て、部活の中でおもしろくないヤツと思われているんじゃないか」という話を少しずつしてくれましたが、不安の根底には、兄の不登校と父親との関係があることがわかりました。「兄も、僕も、大丈夫だよね」彼はそれを言いたかったようでした。

4 国語の文学の授業実践から

A 平家物語「木曽殿最期」の授業で

古典の大作を扱う時は、毎回生徒に一言書かせ、それに授業者も毎回赤ペンでコメントし、返すことをしています。生徒の疑問、納得できていないところがよくわかり、それを授業の最初で共有し合うことで、他の人もそう思っていたのかと思い自信をもって自分の読みを深めたり、互いに言い合うことで個人の読みが多面化されます。「木曽殿最期」で、生徒の理解がとまるのは、源義仲（木曽殿）の家臣、今井兼平が義仲に「自害」を勧めることです。それまでは、義仲が今井と主従二騎のみとなり「日ごろはなんとも覚えぬ鎧が今日は重うなったるぞや」と弱音を吐く心情などを生徒はわかるようなのですが、「ご自害候へ」のところでわからなくなってしまいます。「そういう価値観だったんだよ」と古典の中だけでの自害の説明では、せっかく心情を追ってきてもったいないと思い、どの方向へ生徒の理解が転がるかはわからないとも思いながら、太平洋戦争時の「自害」に触れ（翌年、生徒たちは修学旅行で沖縄へ行くことが決まっていました）、日本は、近代になって西洋から「個人」の尊重、個人の生命の尊重という理念を取り入れたが、根強く「世間」「身近な人からどう思われるか」「恥」という文化があることについて説明をしました。そして、その文化をつくりあげる一つにこの「木曽殿最期」もあるのかもしれない、ということにも言及しました。同時に、義仲と今井が幼馴染であること、乳兄弟で、この二人を育てた母が木曽で何をこの時考えているか、などを問い、また義仲は義仲で「汝と一所で死なんと思ふ」と今井に懇願していることも意識させました。生徒たちの感想には、「自分は、大切な人と生きる道を選びたい、が、今井は今井で、義仲を愛していたんだろうな」「今井は最後まで義仲に、自分のすきな義仲でいてほしかったんだろう」「愛だったんだな」などの言葉が多く見られました。「自分は大切な人に会えるのか」という感想を書く生徒もいました。「武士道」や男同士の友情や、また男女ということでなく、ただ単に大切な誰かと自分のつながり、ということを義仲と今井に読み取ったようでした。その中の一人の男子生徒が、話をしたいと相談室へ来ました。「古典の授業をしていたら、なんだかさみしくなってしまって」「自分は将来、自分が愛する人に愛されるだろうか」「自分が思う相手は、たいていは女子をすきになるのだろう」という相談でした。「そうだねぇ、さみしいよね」と返すしかありませんでしたが、生徒は、「でも、さみしい、ということを今先生に言えてよかったです」と言って「ありがとうございました、さようなら」と帰っていきました。彼はその後、自身のセクシュアリティについて、また恋の話を時々しに来るようになりました。そして、「高校生年代で悩んでいる人に、それでいいんだよと言える仕事に就きたい」と自分の道を見出しました。

B　森鴎外「舞姫」の授業で

高校の国語のラストを飾るとも言える「舞姫」は、主に女生徒からの豊太郎に対する非難の嵐を、教師が「いや、そういう話ではない、この話は、日本人の近代的自我の目覚めについて述べており、時代背景をきちんと把握した上で、豊太郎の葛藤を理解せよ」という要求を生徒に課し、テストもその読み取りに即して答えるものが未だ定番になっていると思います。その読み方に従えば、豊太郎の優柔不断さはともかくとして、少なくともエリスは「恥なき人」となることを恐れる青く清らかな瞳の少女であり、その処女性に豊太郎の「まことの我」が重ねられると同時に、豊太郎によってそれが守られることで主従関係が形成されていくという、「典型的」「男女」の「関係性」を絶対とし、読みこむとしても、その反転した形である、上昇しようとする豊太郎という男に対し、それをひきずりおろす媚態を持つ魔女としてのエリスとしてしか、そもそも、「舞姫」には描かれていないと思います。この空っぽに固定された女性像としてのエリスや、「社会的存在」として描かれる相沢の揺るがない権威性について気づき、それを揺さぶり、解体し、エリスに語らせることを、高校時代の最後の教材だからこそ、級友と楽しく論議できる授業を行うことには長く力を入れてきました。社会がいかに固定した関係性を根深く強要しているか、そのことに気づくことは、自分と、決して自分のものにはなり得ない他者を大切にすることのスタート地点だと思うからです。

授業は固定した男女混合の3人の班で文章の解読からゲーム式で行い、班で絵や地図を描いたり、ロールプレイを行いながら、「舞姫」の世界を拡げていきます。そのまとめとして、定期テストで以下の記述問題を出しました。

設問　次から一問を自由選択

1　豊太郎が初めてエリスと出会い、エリスを家へ送った際に、豊太郎が扉の外へ締め出されて、家の中で繰り広げられたエリスとエリスの母の様子を、脚本の形で書きなさい。

2　豊太郎が相沢に語った「胸臆を開いて物語りし不幸なる閲歴」を台詞の形で書きなさい。

3　エリスが「否といふ字にて起こし」た手紙は、まず書いたものを自身で否定し(破り捨て)新たに書いたものを寄越してきたと読むとしたら、その時破り捨てた手紙を書きなさい。

4　豊太郎の意識がない時に、相沢がエリス宅を訪れて語った内容を、相沢とエリス（あるいはエリスの母親）の脚本の形で書きなさい。

設問1の生徒解答例

母「なんだい！あのアジアの男は！」

エリス「私のことを気にかけてくれた親切な人なの！何も締め出さなくてもいいじゃない！」

母「あんな素性のわからない奴を家にすんなり入れられるわけないじゃない！」

エリス「でもねお母さん、あの人の身につけているもので、高く売れそうなものがあったわ。それに私のことを心配しているわ。もしかしたら、何か高価なものがもらえるかもしれないわよ？私が何とかするから家に入れてあげて？」

母「本当に上手くいくんでしょうね？何も成果がなかったらただじゃおかないよ！」

エリス「わかったわ。何とかしてみせるわ。それにしても、とても親切な優しい方だったわよ」

設問4の生徒解答例

相「初めましてエリスさん。私は豊太郎の友人の相沢です」

エ「あらこんにちは」

相「そこの布は…？」

エ「これは愛する豊太郎の子のおむつです」

エリスは聖女か魔女か討論する

相「あ…子ども。実はそのことなんですが…」
エ「え？」
相「豊太郎は、だいぶ前に僕に、もうエリスとは別れる、と話しましたよ」
エ「何をご冗談を」（笑う）
相「彼はもうすぐ天方伯と日本に帰るんですよ」
エ「嘘でしょ（笑う）だって彼はこの間もここへ帰ってきたし、何より彼の子どもが私のお腹の中にいるんです。豊太郎が免職された時も、彼の隣にいたのはあなたではなく、この私ですよ」
相「冗談を申し上げたわけではございません。私は豊太郎に頼まれてあなたにお伝えしているのです。」
エ（だまる）
相「よくよく考えてください。あなたと豊太郎では身分が違い過ぎます。あなたは不必要なんですよ。このまま豊太郎と付き合っているなんて身の程知らず過ぎますよ」
エ「そんな…」
相「日本についていこうなんて考えないでくださいね。豊太郎の一時の気の迷いというか…あいつを許してあげてください」
（間）
エ「我が豊太郎ぬし、かくまでに我をば欺きたまひしか！」

生徒の解答の優秀作をテスト返却時にプリントにして配布すると、生徒は隅々まで読んだあと、「『舞姫』終わりたくない」と言い出し、急遽プラス1時間取り、グループ3分でB４の紙に紙芝居型に書いて発表する、という活動をしました。そのプログラムです。

3年C組「舞姫」発表会プログラム

	題名
1	豊太郎とエリスときどき相沢　KING OF ゲス選手権
2	相沢を憎まない方法
3	エリスの母が「舞姫」を読んだら
4	『恋愛観』～真実の愛を求めて～
5	相沢は語る～エリスと豊太郎の関係～
6	「舞姫」をハッピーエンドにする方法
7	エリスのお腹の中の子どもはどうなってしまうのか
8	豊太郎とエリスの"もしも"シリーズ
9	豊太郎のエリスに対する愛情の推移
10	相沢は良い友か
11	豊太郎とエリスのアイ（愛）ヤーゲーム
12	豊太郎の魅力（と、エリスのずうずうしさ）
13	豊太郎が日本へ帰ることを選択しなかったら

今回は男子について語りましたが、生徒たちが自由に自分の意見、気持ちを他人に伝える、伝えていい、そういう訓練、機会、空気をこれからも学校につくっていきたいと思っています。

（さわだ　あやこ）

特集2　自分たちで考え生き抜く学び

実践記録②

文学が生徒のためにできること
―「なめとこ山の熊」（宮澤賢治）の授業―

東京高生研　但馬徹哉

私が担当する文学講読の授業は、50分×2時間、計週4時間の選択授業で、毎年20人ほどが選んでくれる。学校側からは受け皿授業と言われ、学校のテスト学力が低いとされている生徒達が選ぶケースが多い。しかしむしろというか、そういう生徒達こそ文学を豊かに読める可能性に溢れていると、日々感じている。例えばこの「なめとこ山の熊」には、様々な形をとる「権力」の姿、そしてそれに抗しようとする別のあり様が物語的に示されているが、以降で紹介するように、生徒達は鋭い読みを沢山出してくれた。

授業では、生徒達が作品の世界に入りやすくなるように、毎時間本文を読む前に穴埋めクイズで語句を確認する。寝てしまう生徒のために毎時間、その日にやる内容を、授業の最初に班毎に声に出して輪読もしてもらう。授業の最後には、短い感想を書いてもらい、そのコメントを通信にし、次回授業の冒頭で読み合わせる。その通信には、発言が苦手な生徒のコメントも積極的に載せるようにしている。

また、できる限り実物も見せた。「熊の胆」、曾祖父手作りの「けら」や「笠」、父親の「なた」と火縄銃のレプリカ、そして祖父の「熊の皮」を教室に広げる。

読解では、作品の区切りごとに「疑問、不思議議な点、モヤモヤすること」を出してもらう。自分たちで自分たちの問いに向き合っていくという姿勢を持ってもらいたいからだ。この作品冒頭部分では、「不幸な話のように見えるのに、なぜ語り手は『おもしろい』と語るのか？」という点への疑問が集中した。最初の授業では深追いをせず、「作品を最後まで読み終えたときに、この問いに立ち返って考えよう」と伝えた。

1　森で熊を仕留める「小十郎」像を読む（4〜6時間目）

「淵沢小十郎は赭黒《あかぐろ》いごりごりしたおやじで〜赤黒い血をくんくん鳴らして死んでしまうのだった」までで、「小十郎」の人物観を読み取る。「熊撃ちの名人」や「強そう」という生徒の意見に、私は「どこからそう思ったの？」と都度聞き返し、班ごとに根拠探しをしてもらう。「解体に慣れているところ」、「熊を撃つ時に落ち着いているところ」、「山の中なのに自分の屋敷のようにのしのし歩いているところ」との応答が出た。更に、「熊撃ちの名人で男らしいけど、小十郎は本当は心が繊細に見える」、「小十郎には、野蛮さとやさしさが両方心の中にある」、「なんか自分を呪っているように見える」という意見も出てきた。

もう少し読みを膨らませたいと考え、私は「マタギ」についての解説文を配り、「これを読んだ上で、班で『小十郎の変なところ』を探してみて」と指示。「普通のマタギは冬に狩りをするのに、小十郎は夏に猟をしている」、「一人で狩りをしている。普通は集団で狩りをするのに」、「ふつうのマタギは、夏の間に炭を焼いたり、畑を耕したりしてお金を稼ぐのに、小十郎はそれをしていない」、「小十郎はケボカイ（熊狩後、熊の魂を鎮める儀式）をしていない」、「里へ出ても相手にされていない。差別に遭ってる？……」。

それら全てを網羅的に考えることは難しいと感じたが、考えるポイントとしては、生徒から出た「『木はお上のものに決まったし…』ってどういうこと？」という問いを考え合うことにあると思い、この小十郎の言葉を分析した小森陽一『最新 宮沢賢治講義』（朝日選書、1996）の一部を示し、読み合った。

すると生徒たちは、以下の様に小十郎が抱える苦しみの背景を「権力」の文脈から読み解いていった。「自由に出入りし、色んな仕事をすることができる『入会地』が無くなって、小十郎は山で豊かに生きるという選択肢がなくなってしまった」、「戦争で国が前進し、特に木材を必要としているときだから、小十郎は入会地を使える『入会権』を奪われ、自由も奪われた」、「近代の国家が、小十郎が住んでいる昔ながらの世界を奪っている」（T：「昔ながらの世界って？」）炭を焼いたり、材木を集めたり…『入会地』だった山では、本当は誰でもそういうことをすることができたのに、そういうのをさせなくしてしまった…」。

2 親子熊との邂逅を読む（7〜8時間目）

「小十郎はもう熊のことばだってわかるような気がした」から始まる親子熊の場面に移ると、「なぜ小十郎は熊の言葉だってわかるような気がしたの？」という疑問が出た。生徒達は、小十郎には「九十になる母親」がいること、「息子とその嫁は死去している」こと、そして「孫が七人いる」ことから、「小十郎の息子が死んでしまって、熊の親子を見たときに自分の死んだ家族を考えたのではないか」、「親子熊を見て、息子とのことを思い出して、ああそんなこともあったねえと言いたかったけど、もうその息子はいない。だから、さみしかったり悲しかったりしたんじゃないか」、「もし子熊を殺したら、母熊は一人取り残される。それだと息子を亡くした小十郎と同じ立場になる」、「そうした状況を生み出すのは自分だということに改めて気づいたのでは」といった読みを出してくれた。

3 「荒物屋」の場面を読む（9〜12時間目）

つぎは「ところがこの豪儀な小十郎がまちへ熊の皮と胆を売りに行くときのみじめさといったら全く気の毒だった」から始まる荒物屋の場面を取り上げた。まず基本的なお話の筋を確認する。その後生徒から、「突然『私』から『僕』に人称が変わるのはなぜ？」と問いが出てきた。この「僕」という人称は先の熊の解体の場面でも用いられていることに注目しつつ、話し合いを始めた。「語り手は感情的になっている」、「小十郎がつらいとき、語り手は『僕』と言うんじゃないかな」、「語り手は見るに堪えない思いになってるからじゃないかな」。ややあって「語り手は素直だと思う」、「時代とか世の中に対して『意見』があるとき、語り手は『僕』っていうのではないか」、「小十郎を追い込んだこの時代とか、国、社会とか…例えば前にやった『入会地』の問題とか。そうした、小十郎がやりたくないことを無理やりにやっている…やらされている…そういう時に、語り手は感情的になるんじゃないかな。だから、語り手の怒りは『世の中』へ向けた怒りなんじゃないかな…」、「一方的な関係がある…。主人が小十郎に対して、一方的に、偉そうにやっている。熊解体の場面は、熊は小十郎に抵抗できない…」。「僕」と「私」の人称の揺れに注目する中で、小十郎を取り巻く権力的・暴力的関係が浮き上がってくる。

この場面ではもう一つ、「突然『しゃくにさわってたまらない』…と語るのはなぜか」といった疑問も出た。これを考えるために私から、「語り手は誰にしゃくにさわっていると思う？」と問いを挟む。まず小十郎を追い詰めている「主人に」という意見が出てきた。次いで、「小十郎に」という意見が出てきた。「語り手は小十郎にもっと知恵を働かせてほしいと思っているのかもしれない」、「山の中では豪気な小十郎が、荒物屋にやり込められている。語り手はたぶん、小十郎が好きなんだと思う。だから、『小十郎、もっとしっかりしろ！』って言いたいように見える」。更に「語り手は、語り手自身にも『しゃくにさわって』いるのではないか」、という意見も出た。「この物語を正直に書いていたら、だんだん語り手の理想とは違う形に話が進んでいってしまった…。自分の思うように物語が進まずに、それにいら立ったんじゃないかな…」、「語り手は弱い者が強い者にやられてしまう関係を嫌っているのに、それを書いてしまった…不快な気持ちになるような場面を正直に書いてしまった自分自身に対してしゃくにさわっている…」、「最初に『聞いた話』と言っていたから、この物語は基本語り手が考えた、ということだから、語り手自身が物語に関われない、参加できない、見るしか、書くしかできない…そこにいらだちの理由があるんじゃないか」、「荒物屋は、効率よく小十郎をカモにして、弱い者いじめをしているけれど、そんな主人と自分（語り手）は似ていると思っていたんじゃないかな…。主人を見ていると自分を見ているような気がしているのではないか…」。

「この語り手はたぶん、物書きできるくらいだから」と言いかけた生徒に私は思わずうなずくと、「この人は先進国の人で「他人面している」けれど、このことにかかわっていないわけじゃない」と言った。「なるほど、物書きをするくらいだから、先進国の立場だろう」と返すと今度は生徒がうなずいてくれた。「そうすると、語り手はそのことを語る中で気付いて、自分自身に腹を立てたのかもね…」。

この「語り手」は読み書きができる人、更に言えば「商品、作品」をこと細かに「書」くことができる人でもある。

「金天狗」「カメレオン印の煙草」「ガラスの蝿とり」…。語り手は、資本主義的な商品世界を知っている。ということはこの語り手は、「小十郎」より「荒物屋」的世界に近いところで生きている。ゆえにその語り手が「主人」に向けて差し出した批評は、返す刀で自分自身にも返ってくる。先の生徒達は、おそらくそのように語り手の自意識を読んだのだと思う。そして、もう少し想像をたくましくすれば、今この語りを読んでいるほかでもない私にも、この批評性は向かってくるのかもしれない。私たちもまた、語りを読むことができる人だからだ。ゆえにここでの語り手の批評意識は、読み手である私たちにも向かってくる。

4　冒頭の語りを再読する（17〜18時間目）

物語を全て読み終えた段階で、改めて作品冒頭で疑問が集中した「なめとこ山の熊のことならおもしろい」がどう読めてくるか、考え合った。

まず、「全てを知った上で語り手は語っている。それで、『皮肉』を込めながら語っているのではないかなあと思った」という意見が出た。更に発言を促すと、「最初の部分では皮肉めいた言い方をしていたけど、話の最後の方になってきて、語り手は小十郎によりそうようになっていく…最初とは違って、だんだん語り手が変化していったように見える」と応答。別の生徒は「悪い皮肉じゃなくて…。良い意味での皮肉のような気がする」、次いで「普通は、小十郎と熊は殺したり殺されたりする関係なのに、お互いにわかり合っている。それが『おもしろい』っていうことなんじゃないか」、「なんか『おもしろい』って、普通の意味の『おもしろい』っていうよりかは、なんか『一風変わっている』…っていう意味だとすると、一風変わっている熊が『おもしろい』っていうことじゃないか…」。

ここで全体の意見が止まった。「おもしろい」という語りに潜む語り手の「皮肉」をめぐって、もう少し深掘りしたいと思い、私が「みんな改めて『なめとこ山の熊のことならおもしろい』っていう一文を見てほしいんだけど、何か気づくことあるかな？例えば、『普通に読んだらいらないのに、なんでわざわざこんな余計な語り方をしているんだろう』というところとか…」と助言をした。すると、『なら』だ」「『なら』じゃないかな」とつぶやきが。「熊『なら』おもしろいということは、何かとの対比の関係にあるものはおもしろくない、っていうこと。熊はおもしろい、でも何かはおもしろくない、そういうことを言っている…？」と応答。私が「じゃあ熊との対比の関係にあるのは、誰？」と訊くと、生徒からは「町の人」、そして「主人」との応答。「主人は小十郎に対して安く買いたたいていたし…小十郎に対してよくないことをしていて…」との説明が。するとおもむろに「人間…」とつぶやく生徒が。言葉、足せる？と促すと、「さっきの街の人や主人も全部…」とゆっくり発言してくれる。全体で意見がここで止まる。上手く言葉にならない雰囲気を感じたので、私の方から以下のように発言をした。「ありがとう、いろんな意見が出たね。ここからは僕が思ったことを言うね。これが正解、っていうことじゃないから、また但馬の言葉を聞いて、みんな各自で判断してね。大切なのは自分の読みをつくることだからね。冒頭のこの語り、まずは『おもしろい』って言葉に注目して、これは『皮肉』なんじゃないかという読みが皆から出たね。じゃあ何に対するどんな『皮肉』なのかが問題になった。そこでもう一つ、『なら』って言葉に着目してみて、熊『なら』おもしろいけど、人間『なら』ばおもしろくない、っていうもう一つのウラのメッセージが込められているんじゃないか、という読みの可能性が出た。以前『人間のせいで小十郎が死んでしまった』と言ってくれた人もいたけれど、それはある意味その通りで、ここには小十郎を死に追いやった『人間』への強烈な皮肉が隠されているんじゃないかなと僕は思うんだ…。」と話した。

【ある生徒の、この日の授業の感想】熊と人間が仲良くなって、笑ったり話したりしている(ブラザーベア的な？)たのしそうな雰囲気と、貧富の格差も見えるという、2つのことがこの作品には入っています。「～ならおもしろい」の「なら」をつけた理由としては、筆者はもしかしたら、熊のことを語りたいのではなく、「皮肉」として言っている「貧富」のことの方を読み手に考えていてほしくて、1番最初にあの一文を書いたのではないかと思いました(この一文だけで、この物語の内容がガラっと変わった気がした)。

5　生徒作文に思うこと
―あるいは「所有」をめぐる闘い

作品全体を読み終え、最後に自分の読みや感じたことを総合してまとめてもらった。少しわかりにくい部分もあるが、ある生徒の文章を以下にそのまま載せる。

僕が思う熊のおもしろさとは、家の前で死んでいたり、感情があったり、律儀なところがあるところだと思う。熊なのに非常に人間味があって、おもしろいと思う。ただそれだけではないと思う。それを説明するには小十郎と主人の生活・性格・日常にふれなければならない。／小十郎は熊を狩る狩人としてはとても異様で、夏にでかけたり集団ではなく犬と二人で出かけたり、熊を殺した後の狩人の儀式を行わなかったりと、狩人のタブーをいくつもやぶっている。…狩人の儀式とは熊を弔うためのもの…そんな大切な儀式を行わない小十郎は、なぜか熊に好かれている。不思議に思っていた。／一方主人は、ずる賢くはあるが小十郎をカモとしてモノを安く買って高く売るという商法を取っていて、何を考えているかわからない人間の世界に生きている人としては、当たり前のことをしている。他人よりも自分という考えは人間社会において永久にあり続ける。この場合良いか悪いかではなく、「そういうものだ」と僕は思う。…答えはないと思う。語り手もそれをわかっているのだから、主人を悪いとは言っていないのではないだろうか。あくまでそのような主人みたいな人がいることが気に食わないのだと思う。気に食わないとは、あくまで気に入らないということであって、悪ではない。僕はそう思ったし、主人にはなにも不思議さを抱かなかった。／…このまとめ作文を書くことを通して、新たな発見もあったが、今を生きる私たち人間社会と相似していて再確認もした。その相似とは「他人よりも自分」という考えであった。他人よりも自分。そういう考え方はしないようにしていても、人である限りついついしてしまう考え方。僕が思うに人は皆純粋で生まれてくる。色んなものに染まりやすく影響しやすい。そのようなシステムが古く長くあるのだから、考え方はそう変えられない。それに人は自分の人生しか生きられないのだから、他人に一生務めることができる人はめったにいない。だから社会に生きる人はみんな考えてしまうのだと思う。僕はそんな考え方はよくないと思っていても、変えようとは思わないだろうし、変えることはできないと思っている。／だが、それを変えようと心がけているような人もいたのは驚いた。あの作中の熊のような者だと思う。理由はいくつかあって、一つ目は熊のような純粋贈与ができる者がいて、二つ目、作者は作品で熊のことが好きと言っていて、でもこれは熊そのものが好きというよりそういうことができる人が好きという風に捉えることができるからだ。熊のような人はいると思う。これが「なめとこ山の熊」を読んだ感想であり、新しい社会に行ける人を知れた僕の成長だと思う。

彼はこの文章の中で、「主人」的社会への絶望と、熊的な存在への希望と、どちらをも語っている。以前社会問題を調べる課題を出したとき、「パパ活と風俗で働き学費を稼がざるをえない女子大生の困難さ」についてのレポートが他クラスで出され、これを借りて生徒達と読み合った。その時、先程の文章を書いた彼は、いつになく真剣な表情で読み込んでいた。その姿にハッとした僕が後日そのことを彼に訊いてみると、「先生、俺怖くてしょうがない。社会が怖い。だから、勉強したい。勉強して、怖くないようにしたい」と言ってきた。

国家は、小十郎から「土地の所有」権を奪い、彼を追い詰めた。ところで今、私たちの社会は生徒たちに「能力の所有」をさせようとしている。そしてもし、その「所有」に失敗すれば、彼／彼女らには苛烈な自己責任論が待っている。先の彼の「勉強したい」という言葉の後ろには、こうした「所有」をめぐる恐怖が潜んでいると私は感じている。

さて、語り手は「熊」を対峙させることで、この「所有」の暴力に一つの物語的な回答を試みた。では私たちは？「所有」の暴力にさらされている生徒達を前に、どのような回答を試みればいいだろうか。(注)

（たじま　てつや）

(注)紙幅の関係上詳述はできないが、その回答の一つとして私は「能力の共同性」というアイデアに注目している。さしあたり、竹内章郎『弱者の哲学』（大月書店、１９９３）、広瀬義徳他編『自立へ追い立てられる社会』（インパクト出版会、２０２０）、池田賢市他『能力２０４０　ＡＩ時代に人間する』（太田出版、２０２０）等。

特集2　自分たちで考え生き抜く学び

実践記録③

子どもたちから学ぶ
―生きることと学び―

秋桜高等学校　村上菜都美
竹澤成那

1　はじめに

秋桜高校は大阪府貝塚市にある開校して22年目の通信制・単位制高校である。秋桜で過ごす誰にでも自由が保障されている。生徒数は492名、退学する生徒はほとんどいない。入学を希望する生徒は全員入学できるので、不登校を経験している子、やんちゃな子、学校や先生に不信を抱いている子、人と関わることに難しさや不安をかかえている子、性に悩んでいる子、自傷行為をしてしまう子、家庭環境の複雑さや地域性など本当にさまざまな子どもが入学してくる。そんな中で私たちは、どんな子に対しても校則や強制という力を使い、学校での生活、勉強というものに適応させようとはしない。だから子どもは自分で選択して様々に過ごす。その過ごし方には私たちがしてほしくないようなことや予想外の行動（いい意味でも悪い意味でも）もたくさんある。しかし、その子どもの起こす出来事や課題について何もしなくていいとは思っていない。その子がどう思っているのかを聞いた上で、どうなっていきたいのか、そのためには何が必要で、自分たちは何ができるのだろうとその都度さまざまに考えている。

どの子もが教職員や周りのみんなに思われ、大切にされたと感じられるようであってほしいので、どの子にも出会い関わろうとしている。それはその子の〝生きる〟を支えていることだと思う。子どもたちの〝生きる〟を私たちが支えていると思っていたら、実は私たちが支えられていたということを秋桜で約2年過ごして感じた。秋桜では誰もが呼ばれたい名前で呼び合い、村上は「なっちゃん」、竹澤は「なず」と呼ばれている。

2　家庭科の授業

私(なっちゃん)は、今年度から家庭科の授業をみどりんと一緒に進めている。家庭科は1年生での履修はなく、2年生が年4時間、3年生が年2時間の調理実習(2時間連続なので1日)と少ない時間でしか授業内で子どもたちと関わることができない。調理実習は予約制で1回の定員が12名。教員(補助含めて5人)が子どもたちの近くでサポートする。昨年度に引き続き、グループ実習ではなく個人で自分の食べるものを作るという体制を取っている。前期は、皮から作る〝手作り餃子〟だった。今まで1回も料理をしたことがない子もいれば、普段から料理をしていて慣れている子もいる。実習だからといって子どもたちとの接し方や話し方が特別変わることはなく、いつも通り〝人〟と〝人〟という関係だ。

6月の調理実習での出来事。昨年度、転校してきたリアとマイコ、1年生から秋桜にいるレントとヒロマサが参加する予定だったが、授業開始5分前になっても現れない。その4人に、教員は「間に合うから頑張っておいで。待ってるよ」と電話をかける。チャイムが鳴って少ししてからリアとマイコが家庭科室に入ってきた。そして遅刻ギリギリに走ってきたレントとヒロマサ。それを見ていた教員は誰も怒ることはなく、「よく来たね」と言い、迎えた。本来ならその時点で、何かしらの調理工程が始まっているはずだが、まだ何を作るのかも発表していなかった。しかし、教員側は焦らず、始まるのを待っている子どもたちに今の状況を説明したり、おしゃべりをしたりして一緒に4人を待っていた。全員揃ったのでメニューを発表し、調理がスタートした。

まず餃子の皮を作るために、薄力粉と強力粉、塩が入ったボウルを素手でかき混ぜる。リアとマイコは素手で粉を触ることを嫌がり「ビニール手袋ないん？持ってきてよ！」と言ってきた。よくあるやりとりなので私は、「前回の調理実習でも手袋ちょうだいって言ってきた子がいたんよ。でも本当に付けない方がやりやすいし、結局手袋から生地が離れなくなってイライラして嫌になるよ！」とそれまでの経験を丁寧に伝えるとともに、「素手の方がいい」ということを伝えた。そうしたらリアとマイコは落ち着いて手袋をつけない方が良い意味を理解し、最後まで素手で生地を作った。全員の生地が完成したので次の工程に移ろうと指示を出すが、おしゃべりが楽しくなったリアとマイコの会話は止まらなかった。その為なかなか指示が通りづらく、聞こえにくい子どもも中にはいたように思う。そこは教員が事前に模擬調理を行っていたので、子どもたちの近くにいる教員が状況を理解して動いてくれた。そこはとても助けられている部分だ。

次は餡作り。マイコは調理台の周りをウロウロし始め、民ちゃん（教員）に作業を任せていた。みじん切りする作業が苦手なのか嫌なのか、飽きてきたのかはわからないが、作業には手をつけなかった。しかし民ちゃんは、マイコの行動に怒ることはなく、リアとマイコのおしゃべりを楽しそうに聞きながら作業を手伝っていた。切る工程もあと少しになり、私も民ちゃんも最後は自分でやってほしいという気持ちがあったので、私は「最後だけは切ろう！民ちゃんが綺麗に切ってくれたから絶対切りやすいよ！」と声をかけた。とても丁寧に千切りしてあるキャベツを見てマイコは「これはアツい！民うますぎる。最高！」と言って今までやっていなかったのにすんなり作業を再開した。マイコの手捌きを見て「上手やん！いいよ！」と声をかけると「マジで!?ありがとう」と嬉しそうに作業をする姿が見れた。他の机でもルカとネムが飽きたと言って切ることをやめていた。なずが「ちょっとだけやってあげようか？」と聞くと、ネムが「え、まじで？ありがとう」と言って、なずに包丁を渡した。なずは一人暮らしが長く、料理も好きなのでキャベツの千切りがとても上手。それを見たルカとネムが「え、めっちゃうまいやん。なんでそんなうまいん!?」と聞いてきた。なずは「一人暮らし始めてもう6年やし、ほぼ毎日自炊してるからな」と答えた。するとネムが「え、そうなん？絶対いい主婦になるわ。私も今日から毎日料理しようかな。」と言った。なずは「え、いいやん。練習しようよ！」と言って包丁を渡すとネムは続きをやった。

作業も中盤、具材を包む作業に入るとき、子どもたちの集中力が少しずつ切れてきているように感じた。その中でまず、レントとヒロマサが「トイレに行ってくる」と言ったが、トイレとは逆方向の非常階段に向かって歩いていく姿が見えた。2人はタバコを吸いに行くのだと私自身気付いてはいたが、担当教員として次の作業の説明をしないといけなかったので教室を抜けることができず、補助の教員に行ってもらうという対応しかできなかった。すると、リアとマイコも同じように「トイレに行ってくる」と言い非常階段の方向に歩いて行った。包む作業は、手先を使う作業なので苦手な子が多々いた。苦手な子どもたちには補助の教員がついて一緒に作業してもらい、私はなかなか帰ってこない4人の元に行き「タバコやめようや！体大事にしてよ」と言った。タバコのことについては、この4人にだけ伝えているわけではない。授業の途中や休憩時間、登下校の時など、タバコを吸っている子どもはたくさんいる。その一人ひとりに〝自分の体の替えはなく、一人にひとつしかないから大事にしてほしい〟ということを伝えている。その思いがその時に伝わることはない。何回もその気持ちを込めながら声をかけ続け、子どもたちに伝えている。同じ思いで4人にも伝えたが、「休憩ないのはキツいて…」と言いながら一向にタバコの火を消す仕草は見られなかった。そんな姿を見て強制的にタバコを取り上げ没収し、怒るだけでは意味がないと思っているので、他愛もないおしゃべりをしながら声をかけ続けた。4人とも頑張って授業を受けてくれていることはわかっている。文字を書くのが苦手、勉強自体が苦手、学校も嫌いという中で、秋桜に来るということだけでもいっぱいいっぱいなのだ。中学時代50分間ずっと座って授業を受けられなかった子どもたちに対して「座りなさい」はとても酷である。子どもたちはタバコが本当に体に良くないことだとはわかっているけど、タバコを吸うのは自分を落ち着かせるための手段のひとつなのかなと私は受け止めている。結局4人とも自分の中で折り合いがつくまで吸い、家庭科室に戻った。

最後に焼く作業。お腹も空いてきたレントが指示より先に自分の餃子をフライパンに並べ、勝手に火をつけてしまった。その行動に誰も気付くことができず、焦げてしまった。本人の納得のいく餃子を食べてほしかったが、私たちの責任で焦げた餃子を食べさせてしまったことは本当に申し訳ないことをしたなと思い、本人に直接謝った。それに対してレントは怒ったり暴れたりすることなく、「いけんで、いけんでぇ（大丈夫だよ）」と言い、他の子が食べ切れなかった餃子まで美味しそうに完食した。生地をこねる時、駄々をこねていたリアとマイコも自分で最後まで完成させた餃子を美味しそうに食べていた。他の子どもたちも自分の作った餃子を少し誇らしげに、また、美味しそうに食べている顔を見れて嬉しかった。４人だけでなく、そこにいた誰もが「できてよかった」や「自分にもできる」といった自信になるように、周りの教員が声をかけ、素直に褒めていた。そのことが何かに挑戦したいと思えるきっかけになっているのかなと思う。

野菜を切らないを選んだマイコの行動も、途中まで丁寧に切ってくれた民ちゃんの優しさを直接感じ取ったから、それに応えようと最後は自分で完成させたのだと思う。そんな優しさを感じなかったら、マイコは自分では何もせず途中で抜け出したり、「だるい」と言ったりして最後まで気持ちよく授業を受けられていなかったかもしれない。そう考えると、私たちがとった言動はマイコにとって良い時間だったと思えるきっかけになったのかもしれない。そして、はじめにタバコを吸いに行ったレントとヒロマサ。声はかけ続けたものの気持ちの折り合いがつくまでタバコを吸ってしまった。だが、その時怒って止め、タバコを取り上げていたとすれば、レントは餃子をうまく焼くことができなかったことに対して、怒って暴れ家庭科室から出ていってしまっていたかもしれない。あのタバコの時間は、レントにとって〝授業を頑張って気持ちよく受けたい〟という整理の時間だったのかもしれない。その調理実習の２時間を共にしたからかはわからないが、数日後、普段家庭科室には入ってこないレントがふらっと来て、他愛もない話をしてくれた。そして隣に座ってあまり話さない自分のことを話してくれた。それは、調理実習でのやり取りがあり自分のありのままを受け入れてくれるかもしれないと思ったからかもしれない。そう思うと、ありのままの私で接したあの時間があってよかったなと思う。

普段子どもたちと接していると、私たちの想像を超える子どもたちの姿に出会う。私たちは子どもたちのありのままを受け止めたいと思っているので、その子どもたちのありのままの姿を受け止めるために、子どもたちが何を思っていてどうしたいのか、私たちがその時できることは何なのかを常に考える。子どもたちのどんな日常も支えようとしていると、私たち自身の新たな言動や感情に出会うことができる。子どもたちを通して私たちが変わったと思えた時、子どもたちが私たちの〝生きる〟を支えてくれていると感じた。

3　子どもたちの言葉から

昨年度卒業したイトが卒業文集にこう書いていた。「…高校を転校してから気づいた。自分は何もない人間なんじゃないかと。それだけでよかったのに更に自分は何においても人並み以下なんだと思い知らされ…だけどこの学校に来れたからそんな知らない方がよかった現実にも気づけた。だから次はどんだけどん底に落とされようが這い上がれる自信が生まれたような気がする。…ただ自分はそんな現実を教えてくれたこの学校に感謝しています。」と。他の子どもたちも自分の言葉で自分のことや生きることについて書いている。ありのままの言葉で。そう書いてくれるのは、日々ありのままの子どもたちを私たちが受け止めていて、ありのままの私たちを子どもたちが受け止めてくれているからだと思う。もしそうじゃなかったら、イトは自分を見つめることができなくて、どん底に落ちた時に這い上がれなかったかもしれない。ずっと残る卒業文集に自分の言葉で書いてくれているのは、子どもたち自身へのメッセージであると同時に私たちへのメッセージでもあると思う。そこから何を読み取り、何を考えるのか。それをどうするのか。卒業文集だけではないが、子どもたちの言葉からそれを考えることこそ〝生きる〟ことに繋がっているように思う。だからこそ子どもたちが発する一言一言に日々耳を傾け、伝えたい言葉を悩み考え、揺れながらも子どもたちと向き合っている。そうすることで、自分自身とも向き合い、〝生きる〟ことを考える。

4　生きることと学び

私たちの〝生きる〟を秋桜のどの子もが支えてくれている。秋桜に来るまでも秋桜に来てからも子どもたちはたくさんのことを経験し、考え、日々何かを思い生きている。経験の中には、人間関係や生きることのしんどさ、勉強に自信がない、自分自身に自信がないなどがある。ありのままの自分だったら教室や学校に受け入れてもらえなかったこと（不登校の子、やんちゃな子、特性を持っている子、誰でも）だって経験である。その経験は私たちが想像する以上に大変なものであり、しんどいことである。その大変さやしんどさを子どもたちが見せてくれたり、話してくれたりするのは、私たちが全力で子どもたちに向き合い、ありのままの子どもたちを受け止め、ありのままの私たちで接しているからだと思う。

私たちがありのままの子どもたちを受け止め、ありのままで接したいと思ったのは、学生時代の経験があったからだと振り返れば思う。私たちは、同級生からのいじめや先生からのパワハラによって学校、大人、なんなら人に不信感を持ち、過ごしてきた学生時代だった。先生を目指すことを決めた時に、自分自身が経験したことを子どもたちが経験しなくて済むように〝自分だけでも〟子どもたちに寄り添える先生になろうと決めた。秋桜に来るまでは、教職員がこんなにも協働して子どもたちのことを考え、接するということが想像できなかった。そんなところはないと思っていた。自分たちが見てきた学校、先生はそういうものだったから。だから、〝自分だけでも〟と思い、取り組もうとしていた。しかし、秋桜では教職員が協働して子どもたち一人ひとりのことを想い、考え、接している。こんなにもあたたかい、一人の人として過ごせる場所が、学校があるんだと安心した。

自分たちが経験した嫌なことを子どもたちに経験してほしくないという思いから、最初は責任を感じ身構えてしまっていたが、秋桜では自分だけが頑張らなくていいんだと思えた。それは前校長の重樹がよく私たちに「できないことを頑張らなくていい。できることを頑張って極めたらいい。できないことはできる人にお願いしたらいい。でもそれを渡して終わり、あとはその人に任せるじゃなくて、それが完成するまで一緒に携わったらいい」と言ってくれていた。この言葉があったから、私たちは教職員に支えられていたし、できないことがあっても後ろめたさを感じることなく、ありのままの自分で過ごすことができた。そんなありのままを教職員の人たちにも受け止めてもらえたことで、少しだけだが自信を持つことができ、子どもたちと過ごすときもありのままの自分でいることができている。子どもたちもそんな私たちをわかってくれて、受け止めてくれている。ありのままの姿で過ごしている人を見て、それまでそうは過ごせていなかった子どもたちも〝自分らしく〟と思えて、秋桜で過ごしたいように過ごしている。そんな子どもたちと日々、私たちはたくさんのことを学び、悩み、考え、生きている。

本当は誰もが生きたいと思っているけど、死を選んでしまう人もいる。死を選ばなくても、自傷行為や他人を傷つけることで生きていることを確認し、しんどい中で生きている人もいる。それは子どもだけではなく、大人も私たち自身も。日常の中で死にたいと思うことはほぼないけれども、心のどこかにはその思いがあって、それがいつ出てくるのかという不安をかかえながら生きている。それは人間だれしも思っていることなのではないだろうか。そんな不安も含めて、楽しいこと、嬉しいこと、悲しいこと、腹立たしいことなどいろんな話をして、「一緒に過ごしたいよ、生きていたいよ」という社会の中にある当たり前のことを秋桜は〝学校〟という場所でおこなっているのだと思う。教師という職業の意識として、先生が生徒に何かをさせるということが〝学校〟の中の当たり前になっているように感じる。何かをさせる先生とさせられる生徒という関係ではなくて、先生も先生の前に一人の人、子どもたちも生徒である前に一人の人であるから、〝ただ人が生きている〟〝人と人が生きる〟を支える関係が学校の中にあってほしい。秋桜だからできることではないと私たちは思う。「子どもたちも大人も誰もが生きやすい、生きたい、生きていたい」と願う人がいる学校ならどこでだって。まずは（…）秋桜だけでもと思い過ごしているが、どんな学校もがそうであってほしいと願っている。

　最後に、生きていく中でも学校という場所でも知識を得ることだけが学びではない。誰かと一緒に過ごすこと、人のあたたかさを感じること、五感を活用して経験すること、たくさんの感情を知る・表現することなど、どんなことでも学びである。そんなたくさんの学びを子どもたちには経験してほしいと思う。そして誰かと一緒に『生きる』ことに喜びを感じてほしいし、その喜びを私たちは共に感じたい。それが〝生きる〟ことであり〝学び〟であると私たちは思う。

　〝生きる〟ということは〝学ぶ〟ということである。逆に〝学ぶ〟ということは〝生きる〟ということである。だから私たちはこれからも子どもたちと悩み、学び、考え続け、一緒に生きていたい。

（むらかみ　なつみ／たけざわ　なずな）

特集2　自分たちで考え生き抜く学び

報告

高校生活の学び
—いまの生活に生きるクラス活動—

私立A高校卒業生　**新井捷之**
私立A高校卒業生　**山下湧大**
首都圏青年ユニオン　**栗原耕平**
元私立A高校教員　**西谷泰実**

高校での学びがその後の人生にどのようにつながっていくのか。誰もが知りたいところではないでしょうか。本稿では、西谷先生クラスの卒業生である新井さん、山下さんに高校での学びが卒業後にどのように生きたのかを報告いただきます（本誌２０９号にその詳しい実践記録が掲載されています）。お二人と首都圏青年ユニオンで一緒に活動する栗原さんからも分析していただき、最後に西谷先生にしめくくっていただきます。

Ⅰ　学問ではない多くの「学び」を得ることができた

新井捷之

西谷先生と出会う前の私は、学校生活に楽しさを感じることができなかった。1年生の頃の学校での思い出は、ほとんどなかった。厳しい校則の中、毎日同じルーティーンの繰り返しで学校に通う意味を見出せなかった。郷に入っては郷に従えのような学校で、1年次に関わった先生達は、「なぜ校則があるのか」「この校則を守る意味はあるのか」という問いに対して、「それが学校のルールだから従え」という返答だった。私はそれに納得ができず、こちらの主張（これはいらない校則なのではないかといった）も聞き入れてくれない学校側の姿勢に居心地の悪さを感じていた。2年に進級するタイミングで退学しようと思うくらいだった。

そんな時、2年次のクラス替えで、西谷クラスになった。西谷先生は、初めて会う「信頼できる大人」だった。

当時の印象に残っていることは、様々な物事の本質的部分の話をしていたことだ。例えば校則や法律は何のための決まりなのか、誰のための決まりなのかということを話してくれ、物事の本質を常に考えさせられた。当時の私にとって、社会のルールや学校の決まりに納得できないものが多かった、しかしそれを言語化し自分の意見を持つということができなかった。物事の本質を見れていなかったのだと思う。

西谷先生や西谷クラスで学んだこととして、集団の大切さ・正解を疑うこと・物事の繋がりが心に残っている。

1 集団の大切さについて

西谷クラスは、文化祭・三送会に本気で取り組んだ。それは、文化祭や三送会の出し物に全力を尽くすことはもちろんのこと、クラスで一つの出し物を作り上げていく過程に本気で向き合っていた。まず、「自分たちのクラスの文化祭（三送会）に参加するのか」というクラス会議で議論が生まれる。基本的に、学校行事には全クラスが参加することが前提の学校だったため、「そもそも何のために参加するのか」「参加したくない人はどんな気持ちなのか」ということを話し合うことは、普段当たり前に感じている常識を疑うことができ、自分の当たり前と他人の当たり前が同じとは限らないという事実を知ることができた。そして、多数決によりどの出し物に決まったとしても、決して少数派の意見を潰すことはなく、どんな形だったら全員が納得し全力で取り組んでいけるかを議論し作り上げてきた。その過程を得た文化祭・三送会の達成感は、他の何よりも誇りに思うことができる。ただ形だけの行事に参加しお祭りのように楽しむことでは味わえない高揚感があった。今でも、自分たちで作り上げた行事・西谷クラスの関係性は誇りに思っている。それだけ多くのものを与え成長させられる環境だった。

2 既存の正解を疑うことについて

昔の私は、上の立場から言われたことに対して、不満を感じつつも反論ができない人間だった。校則の場合、自分で選んで入った学校なんだから黙って従うのは当たり前、法律も国で定められた法律なんだから従うのは当たり前と、不満があってもどうしようもないと思っていた。だが西谷先生は、それが当たり前のことではないと教えてくれた。学校生活の中で、規則がどう定められているのか、だれのための規則なのかを考える機会を与えてくれていた。常識や規則の本質を見れるようになると、今まで言われるがまま従ってきたものに対し、自分や周りのために反論し戦うことができるようになった。社会に出た時に、私たちが上の立場に利用され潰さずに生きていくための武器となった。

3　物事の繋がりについて

これは、一つの事柄・問題だけをフォーカスして考えるのではなく、様々なこととの繋がりを考える視点を持つことが重要ということだ。「正解を疑う」ということは、まさにこの「繋がり」を考える視点があってこそ成り立つものだと思う。例えば「自分で選んで入学した学校だから規則を守ることは当たり前だ」という自己責任論のなかで、「全ての学校がそうなのか」「会社の就業規則も同じ考えか」「デモや国民の政治参加が盛んな国も同じ考えなのだろうか」というような視野を広げ、直面している問題に向き合うことで自分の意見を持つことに繋がってくる。

西谷先生は、HRの時間を使い、ニュースで取り上げられている社会問題を伝え、私たちがどう考え・どのような意見を持つかを話し合える場を与えてくれた。それは、その時に取り上げたニュース内容にとどまることなく、メディアでは報道されていない、その問題と繋がりのある歴史や背景までも伝えてくれた。私たちの目にするメディアでは、一部の問題を切り取り、どちらか一方が悪い・原因を作ったと報道することが多い。しかし、本当の原因は他にもあるんじゃないかと疑い、調べることで本当のことがわかる。この疑い・調べる力は、日々の生活の中で物事の繋がりを意識させてくれた西谷クラスでの大きな学びだ。

4　西谷クラスでの学びは、高校を卒業してからの人生に大きく影響した

私は高校卒業後、四年制大学の第二部（夜間）に進学し、昼間はフルタイムでアパレルのショップスタッフとして勤務していた。入学時がちょうどコロナウイルスが流行しはじめた年だったため、大学生活はリモートでのスタートとなり、初登校は入学から半年以上先だった。高校時代の充実した集団生活とのギャップが激しく、大学生活に楽しさを感じることができなかった。そんな時、大学外での繋がりで自分のやりたいことを見つけ、ほとんどの時間をそれに充てるようになっていた。私は、何となく一般的な流れに乗り大学へ進学し、将来への希望もなかった。だからこそ、自分のやりたい事を見つけ仕事として生きていきたいと感じ、2年次に退学を考えていた。だが、好きなことで生きていきたいと思ってはいたが、やはり今の日本で生きていくには、大学を卒業し就職をすることが一般的な常識のため、そこから外れることに不安を感じていた。ちょうどその時期、成人式の同窓会で西谷先生に相談する機会があった。率直に当時の自分の不安や悩みを相談したところ、「一般的な流れに乗る必要はない」「西谷クラスで2年間学んだんだから、今と別の道でもやっていける」と背中を押され決断することができた。退学後、一年半以上が経った今、自分の好きなこと・やりたいことを仕事にできている。当時の学びが人生の自信となっていることを日々実感するし、今も関わりのある西谷クラスの仲間に支えられている。

西谷先生は、社会に出てから直接関係してくる「労働問題」についての話もよく取り上げており、その時の学びに助けられたことは多い。高校生の頃のバイト先では、シフトの15分前に出勤を強制され、終わる時間もお店の忙しさ次第という環境だった。働きにくい環境でストレスを感じていたのだが、オーナーに「労働基準法」を武器に交渉したところ、法律に則った働き方への変更を認めさせることができた。この時は、団体交渉などは行なっていないが、高校卒業後は2度の団体交渉をすることになった。1つは、有給取得を拒否されたこと。もう1つは、契約内容と違う業務をさせられ、契約通りの内容で働きたい、と相談したところ「嫌ならやめろ」という姿勢で対応され拒否された。その後、現場で交渉を続けていくうちに一方的に契約を切られたことで、慰謝料請求のような形での団体交渉を行なった。どちらの交渉も、西谷クラスの仲間が労働組合との繋がりを作ってくれたことにより、潰されずに戦うことができた。

私たちと同じかそれより下の世代は、将来への希望を持てずにいる人は多いと思う。政治への不信感はあるものの、漠然と上層部に従うことが正しいと思い、生活させられている。だが、それが当たり前だと思ってしまったら社会は良い方向へと進まないし、成長することはできない。私はたまたま西谷先生に出会うことができ、今の考えを持つことができるようなきっかけを与えてもらった。

今の私はデザイナーとしてブランドを運営している。社会へ何かを発信する仕事だからこそ、次は私が次の世代へと学校では教えてくれない、学びを伝えていきたい。

（あらい　としゆき）

II　今に生きる高校時代の学び

山下湧大

私は現在私立大学の4年生で、教員になることを目指している。また他方で、個人で加入できる労働組合に所属し、アルバイト先である回転寿司チェーン店とさまざまなことを争っている。この今の私がいる要因の大部分に、高校時代の学びが非常に強く関係している。私が高校2、3年生の時に西谷先生のクラスで生活し学んだことは、過去に学校教育の中で受けてきたものと多くの点で異なっていた。私にとってその生活の中にはさまざまな学びがあった。そこから得た今に生きる学びが何かと言われたら、それは「自らの考えを持ち、それを発信することの大切さ」である。中学時代を含め高校1年生までの学校生活、特にクラスで物事を決めるときを振り返ったとき、自分が何かしら考えを持っていたとしてもそれを発言することはほとんどなかった。今その理由を考えてみると、自分が発言をしなくても物事は決まるし、自分がクラスの中で少数派になることを恐れていたからだと思う。本稿ではまず、そんな私が「自らの考えを持ち、それを発信することの大切さ」を感じるようになった要因であると考えられるものを2つ取り上げる。また、私はその学びがきっかけとなり労働組合に加入することを決め、現在活動している。これについても後述する。

1　朝のホームルーム（HR）と学級通信

西谷先生は学級通信をほぼ毎日（おそらく2年次が全92号、3年次が全47号）、内容もクラス内のことにとどまらず政治や社会問題、おすすめの本、定期テストに向けてのマインドセット、その他にもさまざまなことをB４サイズの紙に細かい字でびっしりと書いていた。それだけでも十分衝撃的だが、西谷先生はそれを生徒に配布して終わりなのではなく、朝のＨＲの時間に自身が最初から最後まで音読し、最後に先生の考えや補足説明などを話してくれた。当時、社会問題や政治関連の話題について関心を持たなければならないと思ってはいたものの、どのようにアプローチをしたらよいか分からなかった私にとって、この学級通信は非常によいきっかけとなった。

私はこの西谷先生の学級通信2年間分を今でも所持しており、本稿の執筆に際し何枚か読み返してみた。今読んでもその内容は深く、２年５組や3年５組のクラスの基盤はやはりこの学級通信にあるなと改めて感じた。中でも私にとって衝撃が大きかったのは2年次の最初に配布された、第1号の学級通信である。その内容としては、西谷先生の「この1年間をこんなふうに過ごしてほしい」というものなのだが、私が衝撃を受けたのはそこで用いられていた言葉である。「個」「集団」「つながり合い」「学びあい」「本物の学力」「何が正しくて何が間違っているのかを判断する力」など、私が西谷先生のクラスでの２年間を終えたときに大切だと感じたことの多くがそこには書かれていた。また、これらの言葉は学級通信に書かれていただけではなく、日々の西谷先生のお話の中にも何度も登場していたと思う。個としてさまざまなことを学び考え、その個が集まり集団としての質を高めあい、それがまた個を高める元になり、さらに質の高い集団になって、というサイクルがあのクラスにはできあがっていたと感じる。

2　文化祭・三送会に向けての話し合い

２、3年次の私のクラスでは、文化祭や三送会で何を行うかについての話し合いを、非常に時間をかけて行なっていたと思う。私が高校1年生の時のクラスでは、いくつか案を出し、最終的に多数決を行い決定していた。2年次の文化祭の出し物を決めるときもそのような感じであったと記憶している。その時に西谷先生の「いくつか意見を出し、それに対する賛成意見だけを集めるのが話し合いなのか」という投げかけがあったのだと思う。その指導があった後の私たちの話し合い(2年次の文化祭と三送会、3年次の文化祭)は回数を重ねるごとにより深みを増し、非常に意味のあるものになっていたと感じる。その話し合いの内容だが、先生は基本的に話し合いには関わらず、学級委員が取り仕切る。そして話し合いの中でさまざまな意見を拾っていくわけだが、その意見の中には賛成意見だけではなく、反対意見や少数意見も存在していた。そして私たちはその反対意見や少数意見をどのように扱っていくかまでも話し合った。この点が私たちの話し合いがより深まり、意味のあるものになった要因であると考える。私が過去に経験してきた、このような学校の話し合いでの決議のほぼ全てが多数決で行われ、そして決まったからには少数意見や反対意見は無視されてきた。そのような環境の中で集団の一員として「平和に」生活していくには、たとえ自分が少数派だったとしても多数派に巻かれて過ごしていくのは仕方のないことだと思っていた。多数派の意見がある以上、少数派の意見はなんら効力を持たなかったし、下手に波風を立ててその後の自らのクラスでの居場所を失うのが怖かった。そのため「少数意見をどのように扱うか」という視点は非常に新鮮であった。そして何より、少数意見を発言することができ、それを受け止めることができる環境があったことにも驚きを隠せない。この環境が存在したのも、やはり学級通信での学びが大きく影響していると感じる。民主主義とはどういうことなのか、多様性を認めるとはどういうことなのか、などの社会的な話題から得たものが各クラスメイトの中にあり、それが生んだものがあの環境だったのではないだろうか。

今この経験を振り返ったとき私が感じたことは、西谷先生は結果よりもその途中のプロセスを大切にしていたのではないか、ということである。例えば文化祭であれば、結果としてうまくいけばよい、逆にうまくいかなかったからだめだということではない。その途中にある個々のつながり合いであったり、ときにはぶつかり合ってより質の高い関係性を築くことであったり、学校行事を一つの学びの場として考えたときにどこに学ぶチャンスがあるのかということが明確に認知されていたと思う。これは私が教員を目指している上で非常に大切にしたいと思っている点である。最近では「個別最適の学び」ということで個に注目が行きがちのように思えるが、教員になった際にはせっかくあるクラスという場を最大限活用し、集団の中だからこそ学べることを多く提供して行きたいと思う。

3 現在の組合での取り組み

最初に述べたように、私は現在都内の個人加盟できる労働組合に所属し、私のアルバイト先である、業界トップとも言われている回転寿司チェーン店と争議を行っている。組合に加入することになった経緯は、私がアルバイト先の労働環境にさまざまな不満を感じていたときに、同じ西谷先生のクラスだったとある友人（この友人は私より先に組合に加入している）に勧誘され加入することとなった。組合に加入し初めて会社に要求書を送ったのは昨年の8月末で、その内容は賃金計算を5分単位から1分単位に改めることや、5分単位だった際の給与計算を1分単位で計算し直しその未払い賃金を支払うこと、名札のフルネーム表記の改善などである。この「1分単位に改めること」という要求は労働基準法に規定されている「賃金全額払いの原則」に基づいたものである。現在、会社は給与計算を1分単位に変更しており、名札も苗字だけの表記となった。また、不十分ではあるが、始業準備である「手洗い」に3分間のみなし時間が設定され、賃金が支払われるようになった。しかし、未だに未払い賃金は支払われていない。

私は、この「自分のような人でも声をあげれば変化を起こせる」という経験から、声を上げることの大切さや意義を身をもって感じた。

私が教員になった際には、生徒たちにこれらの学びや経験をできるだけ伝え、将来社会の食い物にされず、過酷な環境に抗う術を身につけられるようにできればと思う。

（やました　ゆうと）

Ⅲ　集団性と闘う姿勢の両立
―ユニオン運動から見る西谷先生の教育実践―

首都圏青年ユニオン副委員長　栗原耕平

1　はじめに

首都圏青年ユニオン（以下、青年ユニオン）は、どんな雇用形態でもどの企業で働いていても1人で加入できる労働組合として2000年に結成された。私は2014

年から青年ユニオンの組合員であり、数年前からそのスタッフとして労働相談や企業との交渉に対応している。そんな青年ユニオンに3人の若者が加入し、それぞれ企業と団体交渉を行っている。Mさんと山下さんはそれぞれベイシア(スーパーマーケット)とスシローと交渉している大学生であり、新井さんは大学在学中と大学中退後に2つの会社と交渉している。

3人に話を聞いてみると、いずれも高校2~3年生の時に同じクラスであり、その時の経験があったからこそ企業に対して声を上げることができたと話す。そのクラスの実践を聞きたいと思い、私は、青年ユニオンの機関誌に掲載するため当時の担任西谷先生と3人のインタビューを行った。ここでは、そのインタビューをもとにしながら、西谷先生と学生たちの授業づくり・クラスづくりの実践を、青年ユニオンのスタッフである私なりに、考えてみたいと思う。

2　西谷先生の実践―誰もが居場所を見つけられる集団作りと闘う姿勢の陶冶

私が3人と西谷先生から聞いた限りで、私なりに2つの視点から西谷先生の実践を整理・紹介してみたい。

第1に、誰もが居場所を見つけられるクラス集団づくりである。西谷先生は、最近の教育情勢を「個々バラバラの教育ということが称揚され」「連帯が阻害されちゃってる」「人と人とが分断され」ていると捉えて、それに対して人と人とが連帯し、そこに誰もが居場所を見つけられるクラス集団の形成を目指す。具体的には、例えばその点数がランキング化されるテストの勉強を放課後集団的に行うことを促したり、文化祭で「逆バンジー」「バイキング」を作るために数か月前から準備し夏休みにはそのためのクラス合宿をしたりする。新井さんは学校生活がつまらないと感じ中退を考えていたが、2年生の時に西谷先生から「文化祭準備が始まるからもう少し頑張ってみ」と言われたため残ったところ、文化祭準備を経て学校が楽しくなったという。「それまでクラスメートもそんなに仲良くなかったんですけど、(文化祭準備で)全員と話して、文化祭通じてクラスが一気に変わったんです。僕も、みんなめっちゃ面白いやつだって思って。そこから学校が楽しくなりましたね」。また山下さんは、「西谷先生のクラスでは少数派の意見があってもそれをつぶすことは無くて、『こういう意見もあるからどうしようか』っていうクラス」だったため、自分みたいな人でも意見を持っていいって自信を持てた」と話す。ここでの集団性は個を抑圧して成立するそれではなく、個の尊重に基づく集団性である。Mさんも、小中学校と比較して「学校通うの楽しいって思ったのは高校から」などと話していた。

第2に、闘う姿勢の陶冶、すなわち既存の秩序や常識を批判的に問い直し変革していこうとする姿勢の陶冶である。時事問題の批判的解説を含む学級通信、読書を通じた交流、単に公式を覚えさせるのではなくなぜそうなのか考えてもらうことを大切にする数学の授業実践などがある。数学の授業について新井さんは「1年生の数学の授業はめっちゃわかりづら」かったが、西谷先生の授業で「めっちゃ数学面白いやん」と思ったという。また、Mさんや新井さんは西谷先生から勧められた本を読み、社会で感じていた「違和感が西谷先生に勧めてもらった本に書かれていた」りしたし、Mさんと新井さんで読んだ本の感想を言い合ったりしていたという。山下さんは、西谷先生のクラスで「『既にあるものがすべて正しいとは限らない』ということを学んだ」と話している。

こういった「誰もが居場所を見つけられる集団作り」と「闘う姿勢の陶冶」の集大成が高校3年生の理不尽な校則に対するクラス全体での意見書提出であった。発端はあまりに厳しすぎる頭髪検査で、Mさんと新井さんが署名をとりたいと西谷先生に相談したところ、クラス全体で議論することとなった。クラスで議論してみると、頭髪に関する厳しすぎるルールや学校による衣服の指定などその校則に多くの生徒が不満を持っていることがわかったため、クラス全体で意見書を作成し、他クラスへの回覧や生徒総会での発表などに取り組んだ。結局その年に変化が生じたわけではないが、意見書の影響で、その後だんだんと靴やマフラーの自由化、バッグのリュックへの変更、髪型についてのルールの緩和など着実に変わってきているそうだ。

そして彼らは高校卒業後、いずれも青年ユニオンに加入し企業との交渉・闘いの主体となっていくのである。

3　ユニオン運動から見る西谷先生の実践

私はこれまで様々な争議当事者と出会ってきたが、青年ユニオンに相談・加入する当事者は学校集団や職場集団に違和感を持っており、そこから孤立し、他者との共同・協力が苦手な人が多い。すなわち闘う姿勢と集団性との両立・接合が難しい人たちである。

こうした闘う姿勢と集団性の両立困難は、学校集団や職場集団などといった社会に存在する既存の集団が闘う姿勢の抑圧を前提としていたり、競争主義的に編成されているがゆえにノンエリート労働者になじみづらいという事情と関係していると思われる。集団がこのような原理で組織されている以上、闘う姿勢は、集団性そのものの拒否という形で獲得されざるを得ず、ここに集団性と断絶した個人主義的な闘争主体が生まれるのである。結成当初の青年ユニオンは、こうした実態に即して、職場・社会で孤立している労働者の拠り所となることを目指してきたが、自分の争議が終われば職場もユニオンも辞めてしまう場合が多く、労働社会全体の規制に大きな限界を抱えてきた。最近では職場・業種単位での労働者集団の形成を自覚的に目指すようにその方針を大きく転換している。

こうした文脈を踏まえると、新井さん、Mさん、山下さんはいずれも従来の青年ユニオンの組合員像と異なっており、そこでは闘う姿勢と集団性が相互に支えあう関係が成立している。

第1に、3人のユニオンへの加入が学校集団に依拠してなされている。まずMさんが西谷先生から勧められてユニオンに加入し、その後Mさんが新井さんと山下さんをユニオンに誘っていた。第2に、特にMさんと山下さんは企業との闘いのなかで高校生時代に培った集団性を武器に、同じ企業・職場の人との間に集団を形成しようと努力している。その結果全国のスシローの労働者がユニオンに加入しており、ベイシアとの交渉では学生ユニオンの組合員たちと共同して運動を展開しさらには職場の同僚への声掛けにも取り組んでいる。第3に、新井さんは2つの会社と交渉後、団体交渉やユニオン内部の活動ではないものの、アパレル・ブランド立ち上げの中心となり様々な人との関係形成に努力しているようだ。

個人化が進む中で、多様に現象する個人の受難やニーズにいかに寄り添うかという課題はますます切実になっているが、とはいえ被抑圧者である労働者にとって集団性の獲得という課題は無くならず、むしろより切実な課題として存在している。抑圧的な集団性ではなく、労働者の闘争主体としての自立を支える解放的な集団性の獲得。西谷先生の実践は、そのような集団性の陶冶の実践として貴重なモデルケースであると思う。

（くりはら　こうへい）

れではいつまでも、労働の世界に規制をかけていくことは困難であろう。

新井君、山下君の論考を読むと、集団（クラス）の中で育っていることがよくわかる。その集団が卒業後も機能し、彼らの学びの場になっていることをうれしく思う。しかも、その集団性を通じて、新たな運動や社会に対する働きかけになっていることに驚きを覚える。彼ら二人をユニオンに誘ったＭ君は、フードバンクにも関わり貧困問題にも関わり、クラスメイトを８人も誘い運動を広げている。クラスづくりから学んだ知識を社会をつくる運動に活かしていることに嬉しさと頼もしさを感じている。社会を変えてるのは、個人では決してない。名もない労働者の集団が社会を変えていくのではないだろうか。彼ら青年たちの活躍に心から期待したい。

（にしや　ひろみつ）

Ⅳ　青年が時代をつくる！

西谷泰実

「個別最適な学び」が推奨され、生徒たちはバラバラにされている。先生たちは、生徒ひとりひとりに対応せざるを得なくなっており仕事量は膨大になっている。

一方、社会に目を向ければ、言うまでもなく労働の現場はどこも大変なことになっている。ひどい現場になんの知識も与えることなく、放り出すことは教師の怠慢ではないか。『高校生活指導』２０９号の実践記録で「学校が民主主義を学ぶ場として存在してほしい」と書いたことがある。青年ユニオンの栗原さんは、「相談・加入する当事者は学校集団や職場集団に違和感を持っており、そこから孤立し、他者との共同・協力が苦手な人が多い。すなわち闘う姿勢と集団性との両立・接合が難しい人たちである」といい、さらに「職場・社会で孤立している労働者の拠り所となることを目指してきたが、自分の争議が終われば職場もユニオンも辞めてしまう」と言っている。こ

特集2　自分たちで考え生き抜く学び

実践分析論文

生徒が学校で「表現」をするまで

東京高生研　小波津義嵩

「自分たちで考え生き抜く学び」というテーマに基づいて書かれた報告と実践記録に共通していたのは、生徒が生きようと自分を「表現」していた姿が記されていたということである。これらを読み解く際には、学校が自らを「表現」したい場所であると思えることにつながるものは何であるのかという観点を意識する。ここでいう「表現」とは、具体的には自らが感じること、考えることを誰かに伝えようとするようなことである。また自らの内にあるものを何かしらの形で表出するということを想定する。生徒が自らを「表現」するまでの過程に注目しながら、それぞれの報告、実践記録を考察していく。

1　自分を受け入れる隙間をつくる

これまでの自分を対象化して捉え、その「できなさ」を抱える自分を自分自身が受け入れることができ、また卒業文集を通してそれを表現することができた生徒があらわれたのはなぜか。秋桜高校の実践から考える。

卒業生であるイトは、秋桜高校から現実を教えられ、それに感謝していると述べている。ここである疑問が生まれる。それは、秋桜高校には「自分は何もない人間であること」や、「自分は何においても人並み以下であること」を気づかせ、思い知らせるような厳しさが存在するのかという疑問である。実践記録には、何かをさせる教師とさせられる生徒という関係ではなく「〝人〟と〝人〟という関係」で生徒とかかわることを心がけているということが記されている。また、「ありのままの子どもたちを受け止める」ということが繰り返し記述されていることから、それを意識して実践がなされていることがわかる。これらのことから、教師が権威的に生徒の「できないこと」を認めさせたり反省をさせたりしながら変容を強いるような厳しさが存在するわけではないことが明らかである。そうであるならば、ある生徒が、または生徒集団に存在する規範が「厳しさ」をもって「できなさ」を抱える生徒に迫ることがあるとは考え難い。「ありのままの子どもを受け止める」ことや、教師が「〝人〟と〝人〟という関係」を意識してかかわるということは学校全体で共通しており、秋桜高校に通う生徒たちもそのことを理解していると思われるからである。

では、そのような厳しさではなく何が生徒の「できない」という現実を知らしめ、それを受け止めることを可能にし、這い上がれる自信を持たせたのか。またそのような内容を自分の言葉で表現できたのはなぜか。

「ありのままを受け止めること」とはどういうことかについてまず考えてみたい。秋桜高校でのそれは、「〝人〟と〝人〟という関係」を意識した上でなされるものである。言い換えるのであれば、教師が教師であるということをやめ、目の前にいる生徒を丸ごと肯定するということである。

教師は不都合な出来事や結果が生じた際の原因のほとんどを生徒個人に帰属させる場合がある。しかし秋桜高校での実践はそうではない。具体的なレントとのかかわりについてみていきたい。

レントは教師による指示を聞く前に餃子を焼き、焦がしてしまった。それに対して教師は「私たちの責任で焦げた餃子を食べさせてしまったことは本当に申し訳ないことをしたなと思い、本人に直接謝った」という。また、レントらは授業を抜け出してタバコを吸っていた。それに対しても叱責はせず、体に悪いからやめるようお願いをするという仕方でかかわっていき、タバコを吸い終わるまで共にその場に居続けた。学校という場では非難を受けそうなその行動の全てを教師に受け止められたレントは、結果的に最後まで授業の場にいることができた。

このように「ありのままを受け止められる」経験をした生徒は、学校が自らの居場所であると感じることができるようになる。レントが数日後に、普段は来ない家庭科室に自ら足を運び、自分のことを話してくれたことがそれを示している。それはまた、学校が自らを「表現」したい場所であると思えているということの表れであろう。生徒が自らを表現したいと思えるようになるまでの過程には、「ありのままを受け止めること」が深くかかわっているように思う。

もう一つ、生徒が自らの「できなさ」も含めて自分自身を受け止めることができるようになった過程においても「ありのままを受け止められること」は重要であったと考えられる。イトやレントだけでなく、多くの生徒は、高校に入学するまでの間に、自らの「できなさ」が改善すべきものとして指摘されたり、処罰の対象とされたりした経験をもっていると想像する。そうであるならば、そのような「できなさ」を自分が抱えていくべきものとして受け止めるにはかなりの苦痛を伴うと考えられる。教師はすぐに「できなさ」を生徒自らが引き受けることを求め「指導」するが、教師がその「できなさ」を理解せず、受け止めないという場合、それは生徒にとって引き受けがたいものとなってしまうだろう。「できな」い自分を受け止めてもらった経験のない生徒が、「できなさ」も含めて、教師に「ありのままを受け止め」られた時にはじめて、「できな」い自分を受け止める隙間が生徒の中に生まれるのではないか。そして「できなさ」は拒絶されるだけでなく、受け止められるべきものでもあるということを学ぶことができるのだろう。このような過程を経て生徒は自らの「できなさ」を自分で受け止めることができるようになるのではないか。

つぎに、それを可能にするような教師による生徒の捉え方や見方についても考えてみたい。それは、「野菜を切らないことを選んだマイコ」という部分や、「あのタバコの時間は、レントにとって〝授業を頑張って気持ちよく受けたい〟という整理の時間だったのかもしれない。」という部分に表れている。ここでは、生徒の「できなさ」は生徒の努力不足や能力不足に起因する訳ではなく、そのことを選んでいると捉えられている。生徒自身にできる力があるという前提のもと、今はそうしない選択をしているのだとみている。このように捉えた上で生徒と関わることで、生徒が無力感や劣等感を抱くことに陥らない可能性がひらける。それと同時に生徒は、自分に向き合い、受け入れることができる可能性をひらくことができる。

生徒を対等な他者として捉え、「ありのままを受け入れる」というかかわりが重ねられることで、イトのように生徒は自らの「できなさ」を受け入れることができ、そのことについて「表現」することができたのだと考える。

2　受け止める他者を感じたとき

澤田実践に登場する生徒は、次の二つのような形で自分を「表現」していたように考えられる。一つは実践記録に「援助希求」行動という言葉で表されている。具体的には相談室に赴き自らの悩みや思いを吐露するような行動である。もう一つは、教材に向き合う際に自由に物語全体や場面を考え、発表するというような行動である。

「新入生指導」と言われている学年集会と、2学年全員を対象に行われた保健講座を終えた直後に、男子生徒が相談室を訪ねたが、何がそうさせたのだろうか。澤田が同学年の生徒が一同に会しているという公の場で、「日本のジェンダーギャップ指数が120位であること」や、「抑圧や同調がはびこっている」点を問題視し、「おかしいと思ったら、おかしいと言うことが大切、ただ黙って受け入れてしまわない」ように言ったことが影響していると考えられる。生徒はそのような澤田の語りに共感し、澤田が自らを受け止めてくれる存在であると感じられたのではないだろうか。澤田は授業者であり相談室長でもあるが、「生徒へ発するメッセージは一貫し、また校内で生徒への話し方や態度も基本的には全く使い分けずい」たという。このようなかかわり方によって、生徒を受け止める準備ができていることが生徒に伝わったということも、生徒が相談室に足を運んだ理由であると想像する。

国語の授業をきっかけに相談室へ足を運んだ生徒についても考えたい。「古典の授業をしていたら、なんだかさみしくなってしまって」という言葉は印象的である。そう言った生徒は「自分は将来、自分が愛する人に愛されるだろうか」、「自分が思う相手は、たいていは女子をすきになるのだろう」ということも相談室で語った。この生徒はなぜ相談室に来ることができたのだろうか。

「木曽殿最期」（教材）の義仲が「汝と一所で死なんと思ふ」と今井に懇願している場面について、生徒は『武士道』や男同士の友情や、また男女ということでなく、ただ単に大切な誰かと自分のつながり、ということを義仲と今井に読み取ったよう」であったと澤田は記述している。

多くの場合、その場面を考える際はおそらく「武士道や男同士の友情」や、兄弟愛が存在していたという読みとりがほとんどを占めると想像する。しかし、澤田実践では生徒が「自分は、大切な人と生きる道を選びたい、が、今井は今井で、義仲を愛していたんだろうな」、「今井は最後まで義仲に、自分のすきな義仲でいてほしかったんだろう」、「愛だったんだな」と記述している。生徒によって書かれたこれらは武士道や男同士の友情、兄弟愛等、立場を限定した上での「すき」や「愛」を意味していない。義仲が直前に愛妾といわれる巴御前を逃がしたのは、心から大切で、最後に共に過ごしたい人は今井であったという意味での「すき」や「愛」をも意味しているようにさえ思える。このような読みができる授業であったということが、生徒が授業後に相談室へと足を運び、自分の不安を打ち明けたこととかかわっているように思う。

そのような読みを可能にしたのは、澤田が「社会がいかに固定した関係性を根深く強要しているか、そのことに気づくことは、自分と、決して自分のものにはなり得ない他者を大切にすることのスタート地点だと思うからです」と述べているような問題意識をもちながら授業を展開したからであろう。『舞姫』発表会プログラム」に書かれているそれぞれのグループの発表タイトルには、生徒が自由に想像をすることができた結果が表れているようにみえる。

3　教師による問いかけが届くとき

但馬実践においても、生徒が想像力を働かせているという点では澤田実践と共通している。但馬は授業で作品を読み込んでいく作業に入る前に、作品中に出てくる道具や作品に関係があるものを実際に持ってきて生徒に見せている。これは作品の読みを進めていく時に具体的な映像を想像することを補助する役割を果たすと考えられる。インターネットが発達している現代において、あえて実物を見たり触れたりすることができる機会は貴重である。

生徒たちははじめ、小十郎（作中人物）を客観視しながら、その印象について語る。具体的には「強そう」、「心が繊細に見える」等といった言葉である。その後、国家権力と生活のかかわりという視点から小十郎が置かれている時代背景や生活環境について語る（「近代の国家が、小十郎が住んでいる昔ながらの世界を奪っている」等）。その後生徒らは小十郎の立場で作品におけるある場面のことを考え、語る（「小十郎の息子が死んでしまって、熊の親子を見たときに自分の死んだ家族を考えたのではないか」等）。このように生徒が語る内容は、登場人物と読者の距離という点で考えると、徐々に接近するものとなっている。その距離が無くなっていき、登場人物の立場に立って物事を考える際に語る生徒の言葉は、想像するという過程をくぐっているように思われる。ここに至るまでには、但馬によって、問いが生徒に繰り返し投げかけられている。その時但馬は、想像力を働かせられるよう、生徒の関心に依拠しながら生徒を文学作品のなかに導いていく役割を果たしたと考えられる。

授業後に作品（感想）を書いた生徒は、「熊のように他人よりも自分を優先させるばかりでなく、純粋贈与ができる人は居ると思う」と述べ、希望を持つことができている。しかし、「僕はそんな考え方はよくないと思っていても、変えようとは思わないだろうし、変えることはできないと思っている」、「他人よりも自分という考えは人間社会において永久にあり続ける。この場合良いか悪いかではなく、『そういうものだ』と僕は思う」と述べてもいる。これは、生徒は文学作品の中に入り込み、あらゆる場面についての想像力を働かせた後に、自らが生きる現実世界についても考えをこらしていることを示す。

彼は現実世界をどのように捉えているのだろうか。ある生徒が「パパ活と風俗で働き学費を稼がざるをえない女子大生の困難さ」についてまとめたレポートを読んだあとに「先生、俺怖くてしょうがない。社会が怖い。だから、勉強したい。勉強して、怖くないようにしたい」と言う。この記述は二つの意味でとることができる。一つは、彼自身が「能力の所有」に失敗してしまい、経済的に困窮する生活を余儀なくされ、それを自己責任であるとされる将来を生きることを想像した時に怖さを感じたということである。もう一つは、「能力の所有」に失敗するか成功するかに関わらず、将来に待っているのは能力を活かして何か(物等)を所有することが是とされるような世界であるということを想像したことからくる恐怖である。実践記録には彼がどのような恐怖を抱えているのかが詳細に書かれていないが、おそらく後者に近いような感覚を持っているのではないか。なぜなら「他人よりも自分」という考え方を持たない熊的な存在に気づいた彼だからこそ、自らが「能力の所有」ができるかどうか、つまり「主人」になれるのかどうかについてだけを考え、恐怖を抱いているとは考えにくいからだ。持たざる者に対して、その結果を招いたのは自己責任であるという論理に覆われているような世界に生きていく将来を想像し、絶望に近いような感覚をおぼえたことで「怖い」と表現しているのではないだろうか。

4 誰かと手を取り合えたのは

西谷のクラスで過ごしたかつての生徒は「主人」的な世界とも言えるような場所で、労働環境の改善を求める主体として行動している。彼らはなぜ、絶望を抱いても不思議ではないような世界の中で立ち上がり、その世界を少しでもより良いものに変えようと働きかけることができるようになったのだろうか。西谷のクラスで彼らが得た学びとはどのようなものであったのだろうか。

生徒が自らの身を置いている環境で声をあげることができるようになった理由の一つは、西谷のクラスで自分のあげる声が大切にされるという経験をしたからだと考えられる。かつての新井と山下は、何かに対する不満や自らの考えを持っていたとしても、それについて発言をせず黙ったままやり過ごしていたという。しかしこれまでの議論の仕方や内容とは異なる、文化祭と三送会についての議論を西谷クラスで経験したことが契機となり、彼らは自分を「表現」していくこととなる。それらの議論について新井は、「多数決によりどの出し物に決まったとしても、決して少数派の意見を潰すことはなく、どんな形だったら全員が納得し全力で取り組んでいけるかを議論し作り上げてきた」と記述している。また、山下も同様に「私たちはその反対意見や少数意見をどのように扱っていくかまでも話し合った」と述べており、このことが「私たちの話し合いがより深まり、意味のあるものになった要因であると考え」ている。新井はこのような議論をしたことで、「普段当たり前に感じている常識を疑うことができ、自分の当たり前と他人の当たり前が同じとは限らないという事実を知ることができた」という。それは、学校行事に参加するという前提を問い、参加したくない者の気持ちを想像し、時間をかけて話し合いをしたからであると記されている。

それらの議論は、徹底してそこに参加している一人ひとりの声を大切にして聞き取ろうとし、またそこに参加していない者の声を想像しながら進められるものであったといえるだろう。議論に参加した彼らは、誰のどのような声も聞き入れられるべきであり、少数派の意見を持つ者であっても決定に影響を与え、関わることができるということを学んだと考えられる。

新井と山下は、このような議論ができる集団となっていった背景には学びが関わっていたと考えている点に注目したい。「意見」を表明することができるようになることにつながる学びとはどのようなものであったのだろうか。それは議論をする際に自らが依拠する価値基準を獲得し、「意見」をもつことを可能にするものであったと考える。ここでいう「意見」とは、単に欲望の赴くままにやりたいと考えていることや、漠然と持っている感覚を言葉にしたものを指すのではなく、自らの価値観に基づき、考える過程を経て導きだした暫定的な結論のようなものを想定する。

彼らは学級通信等を教材として議論する中で、取り扱う内容（民主主義、多様性等）それ自体の価値について学び、自らの価値観やそれに基づく「意見」を形成していったと考えられる。生徒たちは教科書や辞書通りに学ぶこととは全く異なる方法でそれらについての学びを得ていたように思う。言葉自体が多義的である場合、どのようにそれらを捉えるべきかについての議論もなされていたと想像する。自らの持つ「意見」、または未だ「意見」となっていない語りを重ねていきながら、重要な価値が含まれていると感じたことがらを学びとっていったのだろう。また、自らは重要であると感じてはいないが、他の者が重要であると感じていることがらがあるということ、つまり差異があるということも同時に学んでいたのではないだろうか。

このような機会があったからこそ、学んだことが三送会、文化祭についての議論の際に有機的に関わり合い、民主的であり、かつ多様性を認めることができるような議論をつくることができたのだろう。そのような議論ができる集団で過ごした彼らは、栗原や西谷が言うように、集団が機能せず、共同・協力に困難さが伴う状況にあっても、自らが知っている豊かな集団像を頼りに、誰かと手を取り合うことができるのだろう。

（こはつ　よしたか）

特集2　自分たちで考え生き抜く学び

研究論文

生きることにつながる学びと参加
―差異と複数性にひらく、討議、対話・討論―

四天王寺大学　山田　綾

1　はじめに―生きることと学ぶことを結ぶもの

21世紀に入り、子どもと教師の思考や行動が標準化され、学校・教室が均質化されるなかで、この10年あまり、不登校、いじめ、暴力行為、自殺が増加し、若者（18歳～29歳）を対象にした意識調査では44・8％が「本気で死にたいと考えたことがある」と回答している[(1)]。

これは、新自由主義的統治システムの包摂と排除により、子ども・若者の生活世界が他者や世界との能動的・共感的なつながりを遮断され、孤立へと追いやられた結果といえるのではないか。調査結果からみえてくる「自分を引き受けて生きることができない」という声に、どのように応答することができるのか。少なくとも、政府主導で推進されている教育DXでは解決できそうにない。教育DXは、あたかもデジタル化の遅れが日本の教育困難の障害であり、さまざまな困難を抱える子どもを前に「誰一人取り残さない」教育を実現する手だてとして「個別最適化」が有効だと喧伝するが、子どもたちの生きる困難を捉え損なっており、危機的状況は深まるであろう[(2)]。

では、どうすれば「生きづらさ」の感覚を変容させることができるのか。危機的状況を前に取り組まれてきたことは、生徒の声を聴き、配慮し応答すること＝「ケア（呼びかけと応答）」、そして自分と世界や他者の関係をつくり変える学びを創造することである。生徒の声を周りや学級・学校にひらき、どの声をニーズとし、応答するのかを検討し、学校や社会の約束事を問い、もう一つのあり方を創造する社会制作（参加）としての「学び」である。(3)

それは、どのようにつくりだせるのか。竹内常一は、2009年に子どもの権利委員会が子どもの「意見表明権」を拡張して採択した「一般的注釈一二号」の「意見を聴かれる子どもの権利」を取り上げ、「受容的・応答的関係の構築」を心理主義的に理解するのではなく、意見を聴かれる権利、意見表明権、参加の権利と同系列のものとして理解する必要と、それを可能にする「指導」に言及している。(4)

それは、あらためて子どもの「考え・意見を聴かれる権利、意見を表明する権利、参加の権利を重視し、子どもたちに自分たちが権利の主体であることの覚醒を促し、主体として権利を行使することを迫り、自分たちに直接・間接に関わる全ての問題の解決に参加することを求める『指導』を要求するものである。」

2 人格の内面に浸透する支配とＰＤＣＡサイクル

まず、新自由主義的教育改革の特徴を簡単に整理しておきたい。その特徴は、複数予想されうるはずの社会像を予め新自由主義的社会像一つに限定している点にある。(5)人間性や人格性を含めた「資質・能力」の開発を目指し、知識基盤社会と教育デジタル革命に応じた経済界の人材育成政策に教育を従属させ、日本では改正教育基本法に示された国家主義的人間像・社会像が加えられている。さらに、新自由主義的な市場と競争の原理に貫かれた環境介入権力のもとで、子どもたちが「自分自身を管理・マネジメントする排他的な経済主体」になるべく、自ら競争するように仕向けられる点にある。(6)

これを可能にするのが、エビデンスによる「説明責任」と測定評価のしくみであり、ＰＤＣＡサイクルである。これは、生徒や保護者、教師にも「測定されているものに意味があるのか」「よい教育とはなにか」等の本質的問いを封じさせ、専門職の裁量を認めない点で深刻である。(7)

他方で、共同性や多様性の尊重、環境保全などが重視されるが、それらはグローバル資本の世界戦略に経済的価値を生む場合にのみ尊重されるため、矛盾を孕んでいる(8)。加えて、格差と貧困、グローバル化は、生徒の生活を直撃し、生徒の生活や育ち、文化的背景を多様化させている。生徒のなかには、先の約束事に適応できずに漏れ出たり、適応しながら不安や緊張のなかにいたり、直面する貧困や気候変動に疑問を持つ者もいる。その声を聴き応答することから始めると、生徒と既存の秩序や内面化している約束事を問う世界が立ち上がる。

では、何を問うのか。競争のゲームの下で、当たり前と感じていた、例えば決められた目標に向かう個人化された競争は正しくその結果は自己責任だ、同じ条件で競争している=「人は同質」である、決められているルールは守るべき、効率を重視するべき、決められた目標に常にポジティブに粘り強く取り組むべきなどの見方についてである。これら一つ一つを、少数の声や語られていなかった声に応答し、個別具体的な事実に即して、「平等」や「自由」という公共善を問いつつ検討してみるように働きかける。そこに、教師の専門職としての「指導」をおき、裁量の可能性を探ると、教育の目的や内容、カリキュラム、討議・討論の方法を生徒と検討する道が拓かれる。本特集に掲載されている実践は、そのことを教えてくれる。

3　生徒の声・意見を聴くことから

生徒の声を聴くには何が必要なのか。秋桜高校では、調理実習を途中で抜け出し休憩する生徒の行動=声を受けとめることから始めている。それが餃子をつくって食べる活動の継続につながると判断し、教師は「正しい秩序」の行使を中断し、その判断が次の活動と関係を生んでいる。判断の背後に、生徒の声を受けとめるという教師集団の合意や、互いに助け合うべく組織された教師集団の存在があることの重要性があらためて確認できる。いつか作りながらどんな生活をしたいか対話できるのではないか。

澤田実践では、❶相談室の設置、❷保健講座よる発信、❸授業での物語の読み解きと感じ方・見方の表出機会が重層的に組まれている。相談室は相談窓口として機能するかが大事だが、保健講座や国語の授業の読み解きと交流が、相談室での生徒の不安やさみしい気持ちの吐露を可能にしている。不登校やいじめの背景に、排除の切断線として「性のグラデーション」があることは周知の事実である。相談室を訪ね、「さみしい」と語られ、聴かれたことは「始まり」として重要である。物語の読み解きでは、生徒の日常生活の経験が背後に控えており、個々の生徒が作品をどのように捉えているかとそれに関わる自己を語るものとなる。教室で物語を読むもう一つの意味がそこにある。性のことをわざわざ語る必要はないが、さみしい気持ちを語りたいが語れないなら、それはしんどいことである。森鷗外「舞姫」の読みでは生徒の恋愛観や結婚観などが表出され、生徒の姿がより多層化される可能性が見える。このことは性のことに限らない。但馬実践では、「なめとこ山の熊」が読み解かれ、現在のグローバルサウスの問題が読みひらかれようとしている。授業を通して、ある生徒は自分が生きている人間社会を分析し、「他人より自分」について考察し始めている。

西谷実践では、行事についてのクラスの話し合いで、生徒たちが少数派の声を聴くことを大事にし、民主主義の「民主化」（ビースタ）に取り組んでいる。教師の問いかけにより、「多数決」により少数派の意見をなかったものにする話し合い（「集約的モデル」）ではなく、その理由を聞き、多数決の決定後も「反対意見」や「少数意見」をどのように扱っていくかを話し合う。卒業生によると、それを可能にするのが、通信と朝のHRでの解説の形での教師の働きかけである。生徒の生活に関わる時事問題やルール・校則、個と集団の関係などが解説され、物事のつながりやもう一つの見方が示され考える場になっているようだ。それを生徒がクラスの話し合いで実践してみる。西谷実践のカリキュラム構造といえる。卒業生は、話し合いの質を高めていったと捉えており、少数の声からクラス行事に関わる事実を聞き取り、自分たちの相違がどのような関係性や文脈から生じているのかを読み解き、例えばアルバイトや塾のため時間がないなど貧困や受験が誰の、どのような要求を抑圧し、封じ込めているのかを読み開き、ニーズに基づいて役割を相談し、これまでの関係性を壊し、つくりかえていったのではないか。この「学び」を通して、生徒は問題状況に組み込まれた「当事者」から、問題状況に挑戦する「当事者」に変身し(9)、そして共同して労働の世界で挑戦して今を生きていると推察される。

4　感じ方・見方・考え方を検討する
―社会制作へ

生徒の声・意見への応答は、相談室や、学級・学校の討議づくりで、また授業などの対話・討論で可能となる。いずれの場合も、生きづらさを個人的・私的な問題ではなく公的な問題としてとらえ返し、生徒が当事者として既存のルールや秩序を検討し、現実を再定義することが重要である。今日、性や発達のグラデーションは「多様でいい」と包摂されるが、個別具体的状況に対し、学校や社会の秩序やルールが問い直されるかというと、個人的配慮に留まる傾向にある。そこの越え方を検討したい。

(1) 性をめぐる政治的・社会的状況と教育の課題

12年ぶりに改訂された「生徒指導提要」（2022年）には、はじめて「『性的マイノリティ』に関する課題と対応」が記された。しかし、指導の実例には、例えば髪型について「標準より長い髪型を一定の範囲で認める（戸籍上男性）」と記されており、個別対応で例外的措置を「認める」記述に終始している。男女別の服装や頭髪規定そのものを問うことなく、分断線をずらし、性別秩序への再統一（包摂）を促す。さらに、『性的マイノリティ』とされる児童生徒への配慮と、他の児童生徒への配慮との均衡を取りながら支援することが重要」と記載されており、周りが納得できる範囲で認める意図が伺える。

性的マイノリティの生徒が権利として、選択・決定を行使できる（ノーマライゼーション）には、他者と異なるものを選択してもいじめられない関係性が探求され、安心して選択の「自由」を行使できることが求められる。

(2) 公共善を問う討議と対話・討論

語られてない「沈黙のことば」を掘り起こし、個々の声を聴き、集団が差異と複数性に開かれると、既存の秩序やルールを問い直さねばならず、混乱が生じる。討議が必要になり、そこに民主主義の可能性がうまれる。その際、「構成的ルール」（公共善）を問う討議や対話・討論が必要になる。ある高校の討議[10]と、小学3年生の授業[11]の取り組みは、そのことを教えてくれる。

ある高校で、「みんなが楽しめる体育祭」をテーマに「男女を区別しない種目エントリー制」が提案された。

企画係では、多数決で一部男女別のエントリー種目を残すことになる。「男女でまったく分けない」は考えられておらず、「男女の力差があり、競技により分けた方がいい」「多数派（分けたい派）が思いきり闘いたいのに少数派（分けたくない派）に気を遣うのは違う」「『ジェンダー側』も自分の体を割り切って認めて参加するなど、歩み寄るべきだ」と自己中心的ホンネが出され、「全ての生徒が楽しめるようにすべき」「傷つく人が出る行事はしない方がいい」と反論するが、多数決で負ける。

企画長や提案者と担当教師は相談し企画係内で再審議にかけ、「全競技において性別に関係なくエントリーが可能」を決議する。しかし、クラス会議で批判が殺到し、有志の緊急集会が開かれる。提案者も揺れ、混乱のなかで、提起されたのが、ルールを構成するルール―「自由・平等・正義」―の再検討である。それは、「学校で誰も傷つかない」（構成的ルール）が大前提で、その上で「楽しむ、楽しめない」が議題となること、男女別の競技を残すことは血液型に例えるなら、A・B・O型は競技に参加できるが、AB型は参加してはいけないと言っているほどおかしなこと、というものである。

ルールには、「個々の具体的なルール」（被構成的ルール）と「それを根拠づけている」ルール（構成的ルール）の二つがあり、前者は「ルールをつくるルール」からみて正当かと問われる必要があり、被構成的ルールの見直しを討議する過程では構成的ルールの内実を問う必要がある。竹内は、これまで被構成的ルールの討議と決定に重点を置いてきたが、差異と複数性に集団をひらくには、被構成的ルールを根拠づける「構成的ルール」の討議に焦点を当てる必要と、それに小学生の頃から「遊び」のなかで取り組む必要を指摘する。(12) 加えて、従来通りの体育祭を満喫したい自分を越え、もう一つの体育祭を創造するには、近代スポーツの批判的検討やもう一つの体育祭構想を可能にする体験（ニュースポーツ等）と意味づけの機会が必要で、関わりの主題をカリキュラムに位置づけ、教科や総合で学びを保障する必要もある。

最後に、授業で、包摂と排除の切断線をどのように検討できるのか。小学校3年生のやり方をみておきたい。

均質化により「逸脱したように見える」行動のため、トラブルが絶えないシオリという子がいる学級の話である。担任の坂間先生は、シオリの呼びかけに応答し差異と複数性に開かれた集団をめざし、トラブルを読み解き、特に授業で感じ方・見方・考え方を取り出し検討する。

シオリの「なんでわたしだけ」「みんなと違って」「いじめられたことがある」という声を学習要求と捉え、「発達」や「いじめ」「家族」などの関わりの主題について授業をしていく。最初のテーマは「性の多様性」である。

4月当初、自分の思いを言葉にできなかったシオリは徐々に周りとつながり、2学期始めのこの授業で自分の感じたことや考えたことを書き始める。では、どのように検討したのか。国語の詩の授業で、「みんなちがって、みんないい」について「女／男らしさ」を出し合い検討していると、シオリが「男の人でもね、中身が女の人っているんだよ」と語り、先生は「大事なこと」と応答する。

次の時間に小学生の当事者の動画（「スカートをはきたい。でも怖い」）を視聴し、感想を書いて交流する。子どもの声と当事者の声にこだわり、授業は進められていく。子どもたちは当事者に呼びかけられ、感想を書き、感想について交流しては感想を書く。感想は、次の時間に一覧にして配られ、自分の意見に近いか、疑問か、それ以外かを意思表示し交流する。疑問やわからないことは解決し、感想に書かれた感じ方や見方を取り出し、切断線の検討が試みられる。

まず、「保育園の頃自分もそうで傷ついた」と書いた子どもの「分かってくれる友だちができて大丈夫になった」経験や、シオリの感想「もしかしたら、何もされないかもしれない」を読み解き、「生きづらさ」は「周りの問題」であることに気づく。次に切断線を切り分ける「かわいそう」や「ふつう」が取り上げられ、検討される。

その方法は、「かわいそうと言われたら、嬉しいかどうか」である。「『かわいそう』は『いい言葉』だと思っていたけど、違うときもあるんだ」という子の発言に子どもたちは大きくうなずき、当事者の方の動画から多様な性の誰もが対等に扱われることが要求されていることを知る。また、「トランスジェンダーの人は、どうして『ふつう』になりたいのだろう」という子どもの疑問から、「ふつう」が問われ、一人ひとり「ふつう」は違うことに気づいていく。

注目したいのは、性の「正しい」知識ではなく、「皆にとって居心地がよいか」で切断線が検討され、「同じような経験」について子どもが語り、個別の事情とその見方が紡がれ、共に生きる方法をつくりだしている点である。

シオリは、この授業で周りとどのように関わり、生きていきたいかを語り、苦手な行事や学習にも一緒に参加していくようになる。やがて、担任と相談し、自分の生きにくさを学級のみんなに話し、みんなで発達障害の当事者の映像を視聴し、何が問題で、どうしてほしいか、どうしたらよいかを話し合い、生きづらい教室と社会を読み解き、「皆が過ごしやすい」生活と学習をつくっていったという。子どもたちはシオリの行動を逸脱とみなす生活現実から解放され、生活と学習を民主化していった。

実践が問いかけていることは、生徒の声・意見への応答はさまざまな形で始められること、知識やスキル、合理性がないなどの理由で排除の切断線が引かれるが、差異と複数性に開かれた民主的な討議や対話・討論により、切断線は越えられるということである。その実感を生徒と積み重ねることが、今、必要で可能ではないだろうか。

（やまだ　あや）

注

⑴文部科学省「令和４年度児童生徒の問題行動・不登校等生徒指導上の諸課題に関する調査」及び『日本財団第５回自殺意識調査』報告書、２０２３年

⑵中西新太郎・谷口聡・世取山洋介『教育ＤＸは何をもたらすのか―「個別最適化」社会のゆくえ』大月書店、２０２３年

⑶ガート・ビースタは、教育における公共圏の拡大が必要と指摘する。ガート・ビースタ『よい教育とはなにか』白澤社、２０１６年

⑷竹内常一「『子どもの権利条約』と日本の『現在』」『人間と教育』１０３号（２０１９年秋号）

⑸池谷寿夫「新自由主義に対抗する新たな人間観と教育観を求めて」国民教育研究所『民主主義のフロンティア』旬報社、２０２１年、42-57頁、並びに佐貫浩ａ「人格の基盤からの声を紡ぎ出す―新自由主義政策に対抗する教育の方法―」『教育』２０２３年９月号、5-12頁およびｂ『危機の時代に立ち向かう「共同」の教育』旬報社、２０２３年を参照

⑹竹内常一『新・生活指導の理論』高文研、２０１６年、１９８-２０６頁

⑺前掲『よい教育とはなにか』。また、佐貫浩は、①教育の全ての過程に「監視」と「評価」とそれに応じた「信賞必罰」の仕組みを組み込み、②教育の価値内容（学力や人格形成目標）を政策として規定して、それを国家や教育行政の管理下に置き、その達成を目標管理する仕組みを作り、③政治権力が価値と目標を直接的に決定・管理するものであるとする。この目標管理型評価により、教育の価値内容のみならず、教育と学習に携わる生徒と教師の内面の価値意識や行動規範に対する深い管理と統制が展開し、新自由主義と国家主義に従う価値規範を内面化し「主体的」に思考・行動する人間の形成という、人格形成機能がかつてない深さで組み込まれることになったと指摘する（前掲佐貫浩ａ、８頁）。

⑻グローバル資本が再掌握した権力は、資本と国家に蓄積された巨大な富を人類史的危機の克服のために注ぎこむ意志を持たず、ロシアのウクライナへの軍事侵攻開始・継続や地球温暖化の切迫した危機を前に世界の共同の後退等が現実化している。例えば、前掲佐貫浩ａ、5-6頁を参照されたい。

⑼前掲『新・生活指導の理論』29-32頁

⑽拙稿「『性の多様性』と生活指導―『討議づくり』の可能性―」『生活指導』７６５号、２０２２年60-67頁

⑾坂間士郎「子どもが必要とする学校をめざして」並びに拙稿「差異と複数性にひらく自治と学び・参加の往還」『生活指導』７７２号、２０２４年発行に所収予定

⑿前掲『新・生活指導の理論』２２６-２３９頁

連載　高校教育最新事情

主体性を奪う観点別評価

大東文化大学　小池由美子

1　新学習指導要領の特徴と文科省のねらい

2018年に高校学習指導要領が改訂、2022年から学校現場で実施され2年が経つ。従来の学習指導要領と異なるのは、「主体的対話的で深い学び」と観点別評価を導入したことであり、文科省、中教審も大きな特徴として取り上げている。これは戦後初めて、教育方法、評価方法にまで、国家＝政府が教育コントロールを強化したことを意味する。

その背景は2点考えられる。教育基本法「改正」によって、教育の目的に「資質」と、教育の目標に「我が国と郷土を愛する…平和と発展に寄与する態度を養う」が書き込まれたことである。先ず1点目の「資質」は、国家による資質・能力を備えた人材育成である。日本経済はこの30年停滞している。政財界はこれを打破するために、グローバル人材の育成を学校現場に押しつけているのだ。OECDは、1990年代後半からDeSeCoプロジェクトを展開し、各国から研究者を集めてキー・コンピテンシー概念を確立した。それは本来、相互作用的に言語などの道具を用いること（コミュニケーション能力）、異質的な集団と交流すること（多文化共生）、自律的に活動すること（市民性の育成）を目指す3つのコンピテンシー概念である。しかし、日本では中教審などで審議されると、「知識・技能」「思考力・判断力・表現力」「学びに向かう力・人間性」に置き換えられてしまった。この3観点を徹底するために、教育方法と評価に踏み込んだのである。

振り返って見ると、1998年の改訂では、「関心・意欲・態度」が4観点の最上位に位置づけられ、物議を醸した。一方、高校では指導要録に記載が求められなかったことから、観点別評価は極《ご》一部の県を除いて形骸化していたのだが、このような日本の「態度」主義は一体どこから来ているのか。ここに2点目の愛国心の問題がある。教育基本法「改正」後の日本会議は次のように述べている。[*1]

> (2)「人格の完成」を期すという抽象的目標から、伝統を重んじ、国を愛し、公のために尽くす「知徳体」を備えた青少年を育成するという「目標の達成」を義務化する。
> (5)子供の「問題行動」容認から、真面目に学ぶ児童・生徒を尊重する学校運営へ移行する。

こうした動きに対し、本多由紀は次のように述べている。[*2]

> 従来は教育の目標として、主に知的な側面に関する「能力」が中心に置かれてきたのに対して、新しい教育基本法では、「能力」をも凌駕して、「資質」＝「態度」がはっきりと全面に押し出されるようになっている。（中略）「能力」の水準がどうであれ、まずはふるまいや心構えとしての「資質」＝「態度」において、政府の要請に従え、というメッセージが、新教育基本法の通奏低音なのである。（傍線筆者）

これは今次学習指導要領の公民から「現代社会」を排し、「公共」を新設したねらいと一致する。「公共」は権力側にとっては国家であるからだ。「資質・能力」という言葉で主体性を育むように見せかけ、実は国家の要請に自ら応える主体性に置き換えているのだ。

今次改訂の中教審審議過程で、幼稚園から高校まで資質・能力三つの柱の方針を貫徹させるとしており、本多の指摘が学習指導要領の実施で一層強化されることは明らかである。

指導要録は、本来、都道府県教委レベルで項目を決めるものだが、高校の指導要録に観点別評価を記載することを文科省が強く指導していることによって、徹底しようとしたのだ。ここに高校が観点別評価で振り回される原因がある。

2 高校現場からの悲鳴と混乱

2023年1月に高校シンポジウムが開催された[*3]。そこでは全国各地から観点別評価にまつわる現場からの悲鳴と混乱の様子が報告された。その一部を紹介しよう。

・**北海道**　実施前には不安があったが、生徒は小中学校で慣れているのか、寝ていても聞いたふりをしていたり、やる気があるように見せていたりする。教育委員会が3観点を単元毎など細かく出すようにと求めてくるので、小テストをする教科が増えた。その結果、教師も生徒もテスト疲れし、定期考査を行わなくなったケースも多い。

・**長野県**　考査の合計点が40点以上高いのに、観点別の結果評定が逆転してしまった例もある。これで生徒、保護者の理解が得られるだろうか。年度途中で評価を修正する学校も出てきている。

・**富山県**　評価については生徒にきつく言うようになった。とにかく課題は必ず出すように、と。その結果、生徒は、課題は必死になって出すが、試験は頑張らなくなった。

・**京都府**　生徒に振り返りアンケートを授業毎に取るようになったが、大変過ぎてやめた教科もある。提出物をちょっと出さないと、学びに向かう意欲がCになってしまう。

・**大阪府**　大阪府教委は観点の比率を1：1：1という基準に設定し換算表を作っている。これに従わなくてはならないので、学びに向かう意欲・人間性で低い評価がつくと評定も極端に低くなってしまう。しかし、その内容は生徒や保護者には見えない。観点別評価の導入によって不登校率も上昇していると感じる。

・**香川県**　日本史は資料の読み取りばかりで、まるで実技科目のようだ。これで歴史の授業といえるのか。歴史を通して、主権、人権、平和、性などについて考え、力を付けていくのではないか。

実際に、観点別評価をつけるために、基準決めの教科会を始め、エクセルシートへの入力・修正等、事務作業量の膨大さに教師は疲弊している。このことに消費されるエネルギーは、教師は生徒と向き合う時間や教材研究に注ぎたいはずだ。働き方改革にもまったく逆行する事態となっている。こんなに複雑な評価で時間と労力を使うならもうやめる、と非常勤を辞退するケースが相次いでいる、という報告もあり、まさに教育に穴があく。

3　観点別評価の問題は何か

小中学校で観点別評価が導入された際に、授業中の挙手の回数などで意欲や態度を評価したことを、文科省は適切でないと繰り返している。しかし、実際には高校現場でも、提出物で評価するなど同じ過ちが繰り返されている。これは教師に責任があるのではなく、文科省が客観的公正な評価を保護者に対して説明する責任を、学校現場に押しつけていることにある。その一方で、文科省は、**図1**、**図2**のように矛盾した説明をしている。つまり、「学びに向かう力」を数値では表せない個人内評価とし、「主体的に取り組む態度」を「知識・技能」「思考力・判断力・表現力」と密接に結びつく自己調整力で数値化できるものとしたのである。その結果、3観点を1：1：1で評価できると結論づけている。しかし、自己調整力は、調整する能力を学習者自身に求めており、調整できない責任は自己に貶められてしまう。これで生徒は学びに対して主体的、意欲的になれるだろうか。

生徒には様々の生活背景があり、それを支えながら教師は授業を行っているのである。教室には毎日朝食を摂り、学習に専念できる生徒だけがいるのではない。自己調整が必要な場面もあるが、それは強いられるものではない。わからないことは安心して教師に聞ける、生徒との信頼関係で教室は成り立っているのだ。観点別評価で学力低下が目に見えるようだ。

態度評価は人格の国家統制につながることは既に述べた。評価は元来、学習者を励まし、教師の授業改善に活かすべきものである。

4　今後の課題

評価権は政府や文科省、教育委員会にあるのではなく、授業をする教師にある。全国各地からの声にあったように、観点別評価は学習の主体である生徒に学んだふりをさせる「学びの偽装」現象を起こしている。教師は3観点に左右されるのでなく、教科の本質を見失わず生徒につけたい力は何かを軸にすることが肝要だ。座学中心の科目と実習中心の科目ではねらいは自ずと異なる。無理に3観点のための授業や試験にする必要はないはずだ。

観点別評価では学力が付かず、主体性も損なわれることを世論に訴え、変えさせていくことが必要だ。

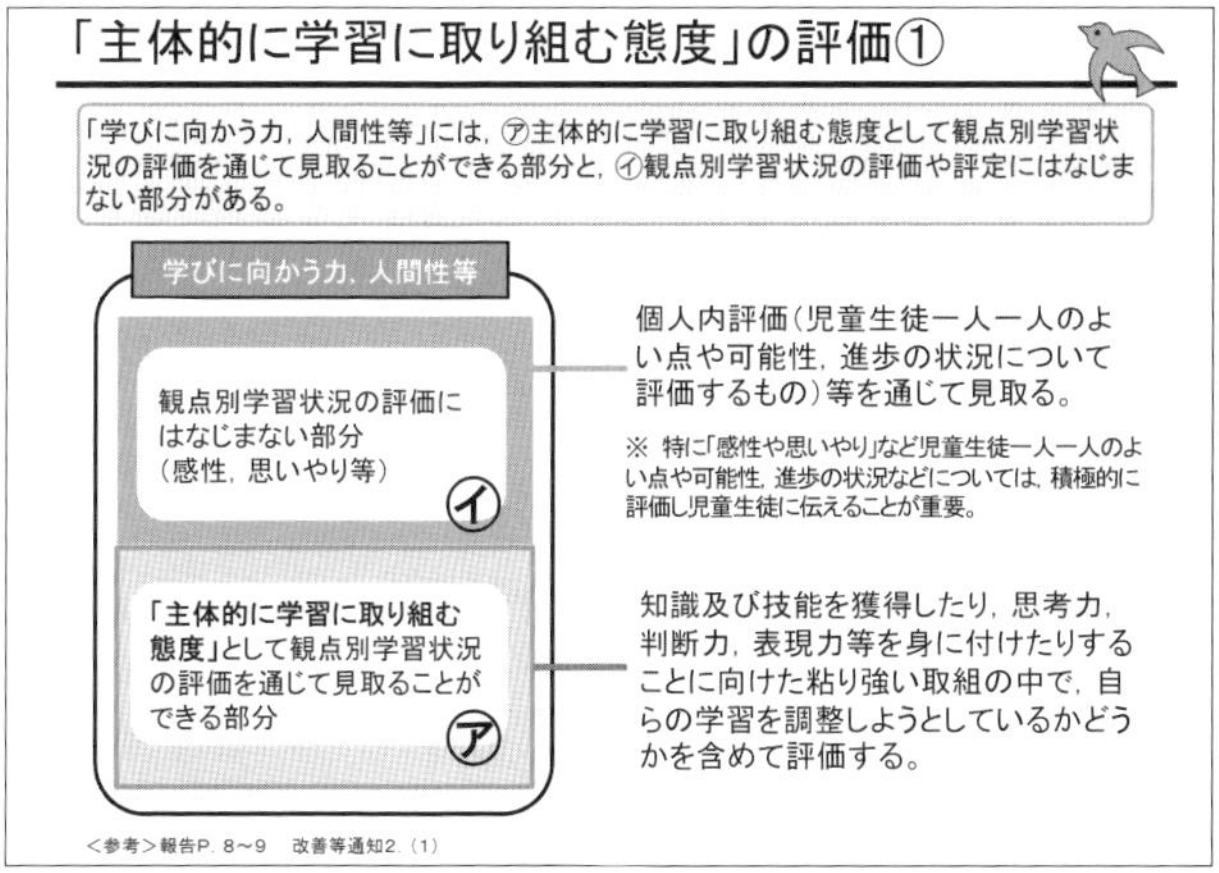
「主体的に学習に取り組む態度」の評価①
「学びに向かう力，人間性等」には，㋐主体的に学習に取り組む態度として観点別学習状況の評価を通じて見取ることができる部分と，㋑観点別学習状況の評価や評定にはなじまない部分がある。
学びに向かう力，人間性等
観点別学習状況の評価にはなじまない部分（感性，思いやり等）
㋑
個人内評価（児童生徒一人一人のよい点や可能性，進歩の状況について評価するもの）等を通じて見取る。
※ 特に「感性や思いやり」など児童生徒一人一人のよい点や可能性，進歩の状況などについては，積極的に評価し児童生徒に伝えることが重要。
「主体的に学習に取り組む態度」として観点別学習状況の評価を通じて見取ることができる部分
㋐
知識及び技能を獲得したり，思考力，判断力，表現力等を身に付けたりすることに向けた粘り強い取組の中で，自らの学習を調整しようとしているかどうかを含めて評価する。
<参考>報告P. 8～9　改善等通知2.（1）

図1

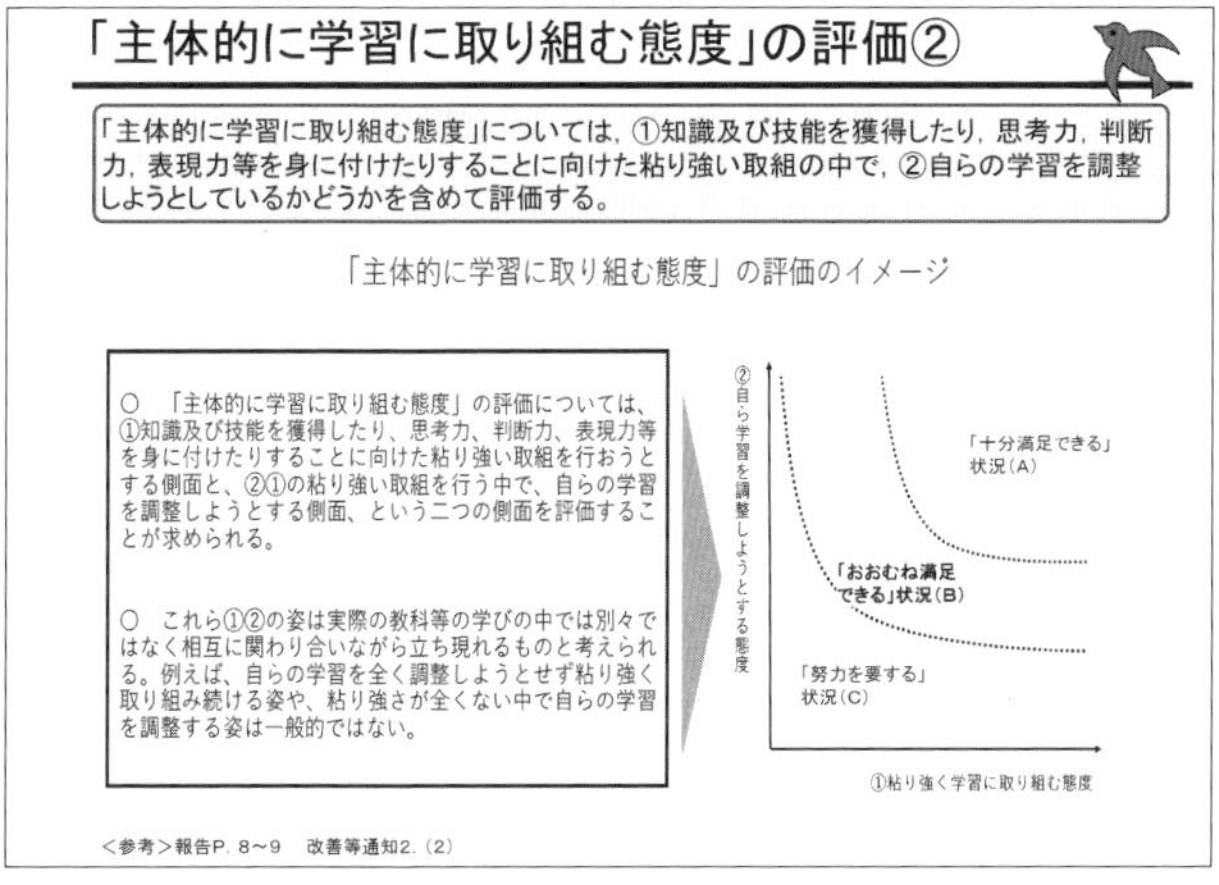
「主体的に学習に取り組む態度」の評価②
「主体的に学習に取り組む態度」については，①知識及び技能を獲得したり，思考力，判断力，表現力等を身に付けたりすることに向けた粘り強い取組の中で，②自らの学習を調整しようとしているかどうかを含めて評価する。
「主体的に学習に取り組む態度」の評価のイメージ
○　「主体的に学習に取り組む態度」の評価については、①知識及び技能を獲得したり、思考力、判断力、表現力等を身に付けたりすることに向けた粘り強い取組を行おうとする側面と、②①の粘り強い取組を行う中で、自らの学習を調整しようとする側面、という二つの側面を評価することが求められる。
○　これら①②の姿は実際の教科等の学びの中では別々ではなく相互に関わり合いながら立ち現れるものと考えられる。例えば、自らの学習を全く調整しようとせず粘り強く取り組み続ける姿や、粘り強さが全くない中で自らの学習を調整する姿は一般的ではない。
②自らの学習を調整しようとする態度
「十分満足できる」状況(A)
「おおむね満足できる」状況(B)
「努力を要する」状況(C)
①粘り強く学習に取り組む態度
<参考>報告P. 8～9　改善等通知2.（2）

図2

＊図1、図2は文部科学省HPより引用

注

＊1　日本会議「オピニオン」2007年3月15日から抜粋

＊2　本多由紀『教育は何を評価してきたのか』岩波新書、2020年、166頁

＊3　全教高校教育研究委員会と高校組織懇談会主催

高校教育海外最新事情

連載

ニューヨーク州スカースデールのジャスト・コミュニティ

東京都立大学准教授　竹原幸太

本稿では、本誌213号の拙稿で言及したニューヨーク州ウェストチェスター郡スカースデールのジャスト・コミュニティ（Just Community 以下、JC）という実践を紹介する。

JCは1970年代にコールバーグの道徳性発達理論に基づき、対話と生徒参加を徹底したデモクラティックスクールとしてマサーチューセッツ州、ニューヨーク州の幾つかの公立高校で試みられてきた。研究上は、「正義の倫理」と「ケアの倫理」の調和を目指し、ギリガンからの批判への回答として注目されてきた。現在でも唯一、スカースデール高校オルタナティブスクール（通称Aスクール）ではJCが継続されており、その姿を知るべく、2022年9月、23年2～3月、10月にAスクールへ訪問し、授業に参加しつつ、生徒、教師、卒業生、元教師、PTAメンバーにインタビューを行った。

Aスクールは、「自分のことは自分で行おう（Do your Own things）」とのオルタナティブ教育運動の掛け声の下、1972年にスカースデール高校内に誕生した。つまり、学校の中にもう一つの学校が存在する形となっており（School within a School）、その後、78年にコールバーグの協力を得てJCが導入され、昨年50周年を迎えた。Aスクールの JCが約半世紀も継続しているのは、スカースデール高校（本校）の生徒が希望して参加する形態にあり、1学年約350名の本校生徒が10年生に進級時（アメリカの高校は9～12年生）に25名程度の募集枠に応募する。毎年約100名の応募があり、くじ引きで参加者を決定する。

Aスクール全体は1学年約25名×3学年（現在は80数名）と5名の教師、1名のディーンによる約90名の小集団で構成される。学期初めの9月にAスクールの教育内容を示したオーナーズマニュアルを基に、①コアグループミーティング（約15名の10～12年生の生徒と1名の教師で構成＝計5グループ、毎週月曜のランチタイムにコミュニティや個人的な事柄について討議）、②相談ミーティング（概ね2週に1度、コアグループ担当教員が各生徒と面談）、③議題委員会（各コアグループから選出された2名の生徒・参加希望者と教師で構成、毎週金曜のランチタイムに各グループから持ち寄られた議題案を共有、コミュニティミーティングの議題を決定）、④公正委員会（6名の任意選出生徒と1～2名の教師で構成、学校コミュニティ内の規則違反へ対応)、⑤コミュニティミーティング(毎週水曜午後の全員参加のミーティング、主に規則に関する議題を討議)のJCの5つの構造を学ぶ。

2023年10月に参加した①では、生徒と教師が円形になって座り、ランチをとりながら、はじめに「週末の出来事」、「ハロウィンの予定」といったお題で一人ずつ順に発言していった。

その後、フリーディスカッションがなされ、参加者から「宿題でチャットGPTの使用はカンニングに該当するか」との問いかけがあり、「調べる対象の概要を知るのには便利で、そのまま転用しなければカンニングではないのでは」、「調べる過程こそが重要で、AIが自動的に生成した提案に頼っていいのか」等、活発に意見交換がなされた。

なお、①は生徒宅で実施することも多く、PTAメンバーは、「保護者は関与することはないが、遠目から見て、互いが親密になるよい機会と思う」と語っていた(23年2月インタビュー)。

こうした過程を経て、③では各コアグループから持ち寄られた議題案が討議され、参加した日は生徒2名の司会の下、各自がランチをとりながら、「ハロウィンのコスプレはどこまで認められるか」、「成績評価のつけ方とは」といった学校生活に関わるものから、「お勧めのじゃがいも料理とは」といった砕けた議題案も出されていた。③で決定した議題は翌週の⑤で討議する。

2022年9月に参加した⑤では、翌週の宿泊学習においてスマートフォンで撮影した写真をSNSへアップする是非とそのルールが議題となり、12年生と10年生の司会の下、「SNSへのアップはプライベートの侵害か」、「閲覧者を限定すれば、私的に共有できる」、「許可か禁止ではなく、どこまで共有するかでは」等、議論された。

このように全員で決めたルールには責任を持ち、違反した場合は④にかけられ、これを修復的正義(restorative justice)の場と捉えている点も注目される。しかし、生徒の意見には、「コロナ禍で様々な活動が制限されていたため、委員を担う生徒の力量不足も感じられ、一方的な話し合いになるケースもあった」との課題の指摘もあった。

コロナ禍で生じた生徒達の課題はファロン・プランケット校長らも認識しており、2023年の新学期前には教員間で生徒達のオーナーシップ活性化に向けた夏季勉強会が実施され、10月初旬にAスクールのホームページとオーナーズマニュアルが更新された。訪問時には、「最近、生徒達の一部は対話を通じてコミュニティ感覚を高めていくことより、テストの点数に意識が傾きがちであったため、改めてオーナーシップを再定義した」との勉強会開催経緯を聞くこともできた。次年度からは市民性を評価する新たな取組も予定されているという。約半世紀を経たJCは今なお力強く深化し続けている。

若者座談会
―心の通った「つながり」をつくる―

松林宏樹・外本ひかる・金澤みなみ・小波津義嵩

生徒と生徒との「つながり」をつくる

松林：私は中1の学級担任です。短学活で、吃音の紹介をしました。「吃音を持っている人は、急かされたりすると、より緊張して、声を発することが難しくなる。だから、頷いて話を聞くと、自信を持って話せるようになる」と伝えました。

すると、管理職から、「なぜ、吃音の話をしたのか。いじめの種になる。障碍者への接し方は、教えず、体得させるべきだ」と話されました。

金澤：どうして吃音の話をしたのですか？

松林：合唱コンが近かったこともあります。合唱コンでは、精一杯歌うことを余儀なくされます。その時に、お互いを責め合えば、自信をなくしてしまい、より歌えなくなると思います。そうではなくて、「どんな声でも良いから自信を持って歌えるようにしよう」という意図で、吃音の話をしました。

金澤：それは、管理職の発想と同じなのではないでしょうか。管理職の発想は、トラブルの未然防止。松林さんも、予め接し方の「答え」を教えて、トラブルを予防した点では、似たような発想だと思う。

小波津：私は予防的な発想だとは思いません。安心して参加できることを示した良い例だと思います。

金澤：なるほど、では、短学活の後に、不安な声を聞き合う活動につなげていったらどうかな。

小波津：実際にトラブルは起こりましたか？

松林：はい。男女間で亀裂が入りました。そこで、学級会を開き、合唱コンへの思いを一人一人聞き合いました。「このままで金賞が取れると思えない」「音痴と言われそうで不安」など本音が出ました。

全員の話を聞き、「みんなの思いには、二つの共通点があります」と考えさせました。生徒たちは、「金賞を取りたい気持ちと不安な気持ち」と答え、「うまく歌えない人は、音痴と言われそうで不安だし、リーダーも仕切っている分、ミスできないという不安がある」と話しました。そして、練習の三カ条（ふざけず、責めず、聞き合う）ができました。

小波津：生徒から「聞き合う」が出たのがすごいですね。でも、「聞き合う」というのは、生徒同士でどこまでできるのでしょうか。

外本：生徒同士の「つながり」をつくるためには、教師が立ち会う必要がある場面が多くあるように思います。生徒は、言葉を適切に選択できる人ばかりではありません。背景を汲み取りながら「聞き合う」ことは、生徒だけでは難しいと思います。

小波津：そうですよね。相手のことを理解できずに、対立しちゃうことの方が多い。合意形成までもっていくのは、とても難しいと思います。

金澤：でも、合意形成ありきで、教師が導こうとすると生徒の本音から遠ざかってしまいますよね。

松林：教師には生徒の本音を引き出し、その言葉を翻訳して、伝え直す役割があるのですね。

教師と生徒との「つながり」をつくる

外本：今年の夏前に、生徒と揉めてしまいました。私は、高校の吹奏楽部の顧問を務めています。練習の時間に、生徒から「お前の言っていることは言いすぎだ！こんな部活もう辞めたい」と訴えられました。私も、熱くなってしまって「もう少しこうしなさい」と強く指導することが度々ありました。

生徒の気持ちをひたすら聞き、大人げないかもしれませんが、私の主張も話しました。「あなたには、期待をしているし、やるべきことや練習がわかっているはずなのに、やらないことが多かったから、強く言ってしまった」

私も本音を打ち明けたことで、生徒の本音と出会えた気がしました。教師も生徒とフラットな立場で「聞き合う」ことが大切だと気づかされました。

金澤：生徒は、教師が受け止めきれない悩みや本音を持っています。それを聞くことができたとしても、戸惑ってしまうし、すぐに良い返答ができるわけでもない。だから、本音を聞き合うのは、勇気が必要なことだと思っていました。外本さんのお話を聞いて、教師は、大人げない部分があってもいいし、一緒に困ってもいいのだと考え直しました。

小波津：生徒と教師が関わる時って、教師は教師らしさのベールを被って話してしまいがちですよね。

金澤：そうなんです。だから、ベールを被ったままでいると、部活で「勝ちたい」生徒と「楽しくやれれば良い」生徒がいたときに、勝ちたいという考えや雰囲気が正義になってしまって、楽しみたい生徒の本音はかき消されてしまいます。

小波津：だから、一人の人間として、話し合うことが大事なのですね。でも、一度、大人げなさを見せたあとで、もう一度、教師のベールを被るにはどうしたら良いのでしょうか。

松林：私もよくベールを被ってしまいます。特に、若い先生は、舐められがちで、教師らしさのベールを被らないとやってられないこともあると思います。

金澤：ベールは被らないといけないのでしょうか。タメ口でも尊敬していることもあり得ると思います。例えば、生徒が「将来、お笑い芸人になりたい」と思っているとして、本音を出せない関係だと「会社員」とか、本当はなりたくないものを言ってしまいます。そう考えると舐められていることを恐れずに、本音を聞き出せる信頼関係を築くことが大事なのかもしれませんね。

教師と保護者との「つながり」をつくる

小波津：保護者との関係づくりでも、本音を聞き合うのは大事だと思います。保護者面談の時に、「先生の断定的なものの言い方が、子どもを傷つけた」と言われたことがあります。保護者の話を全て聞いた後で、「そのような意図はありませんでしたが、そのように捉えられてしまったことは謝罪します。ですが、私も、断定的な見方と言い方に傷つきました」と本音を話しました。そうすると保護者は、しばらく考えて、「私も子どもの言い分しか聞いていなかった」と考え直してくれました。

外本：保護者からすると、学校に自分の子どもが人質に取られているような感覚になっていると思っています。下手に動けば、自分の子どもが不利益を被るみたいな感じです。だから、親が学校に物を申す時って、余程のことじゃないと動かないと思います。その思いを受け止めた上で、協力体制をつくる機会を逃したくないですね。

教師と教師との「つながり」をつくる

松林：教師は、自分の実践に誇りを持っていたり、教育観が異なったりしていて、本音がぶつかりやすくて「つながり」をつくるのが大変だと感じます。

小波津：ある学校で、生徒になるべく多くのことを経験させたいという価値観が共有されていて、部活動の掛け持ちが認められていました。しかし、一つの部活が全国大会に出場することが決まった途端、掛け持ちを認めないようにしたいと考える教員が増えたそうです。目的が、生徒の成長から成果主義にすり替わってしまった。

外本：以前の学校で、同じ教材を読んで話し合う勉強会を開くことがありました。そうしたら、言いたいことが言い合えるように、学年団が変わりました。よく知らないことをベースにして議論したことが良かったのだと思います。

松林：なるほど、「実は私もよくわからないんだよ」と本音を「聞き合う」ことで「つながる」ことができるかもしれません。

小波津：望月一枝先生から「教師魂」という言葉を教わったことがあります。「どんな教師も生徒の成長に役立っていると感じた出来事があると変わる、それを『教師魂』って言っていいのかもしれない」という考え方です。

ある教頭が、体育の授業に参加できないASDの生徒を排除しようとしたのに、その生徒の成長を目の当たりにして、グラウンドを伴走するようにまで変化した高生研の実践がありました。教師が変わるきっかけは、生徒の成長なのだと思います。

松林：なるほど、ありがとうございました。自分では、フラットな関係のつもりでも、ベールを被っている時間の方が長かったと反省させられました。ありがとうございました。

連載

実践記録から「生活指導」を読み解く

相良武紀×老田　望

217号特集1　佐藤実践

「楽しい」が深まっていく

相良武紀：東京都出身。13年間勤めた私立和光高校在職中に高生研と出会う。現在は、オーストラリアのクイーンズランド大学にて生活指導に通ずるシティズンシップ教育実践理論を研究している。趣味は有酸素運動。

老田望：兵庫県出身。大阪の公立中学校教員を10年間勤め、現在は東京の公立高校教員として働く。心理的安全性を高めるための学級経営の理論と実践を模索する中で竹内常一著『新・生活指導の理論』と高生研に出会う。趣味は読書と犬の散歩。

教師と生徒という境界

相良：なんで「生徒が主体」をとめられないほどになっていると思う？

老田：なんかこう、あなたはここにいて良いというような安心感をつくるだけじゃなくて「やりたい」とか「とりくみたい」と思わせる没入感というか。佐藤先生と生徒との境界が段々曖昧になっている感じがあって、先生も生徒も学校にプロジェクトを通じて没入している感じを一緒に味わっているような感じを得ます。

相良：「（自分たちの）卒業式は担任を無視し」生徒が自ら動いていくというようにね。２年次の見学旅行で東京１泊ができなくなったことをクラス集団に伝える場面でも「先生からだと、みんな怒るから」って言われたりね。（笑）

老田：（笑）ここは現れてますよね。

相良：なんでこうなるのだろう？

老田：遠足でチュッパチャップスを先生が生徒にプレゼントしていて、次は生徒が３年生を送り出すときに卒業生に向けて同じことをしている。生徒がされて嬉しかったことが、生徒たちの活動のアイデアになっている。生徒との境界が曖昧になっているからこそ見学旅行の件でも「生徒から伝える」という選択になったのではないかと。

相良：卒業プロジェクトでつくった雪像は、佐藤さん自身考えもつかなかったって書いている。もちろん「３年生に気持ちを伝えられないか」と持ち出したのは佐藤さんで、きっかけはつくっているけど、よいアイデアは生徒と探ってる。

老田：コントローラーは教員が持っていて生徒を動かしているというようなよくある構図ではなくて、生徒もコントローラーを握っている。佐藤さんも一緒な感じ。上とかではない。

相良：初年度学校祭でのTシャツ破りの話は印象的。この時期はまだ教師と生徒の境ははっきりしていた気もするけど、生徒と一緒な感じで怒ってるよね（笑）。なにかそれを通じて教えなくてはというよりも、佐藤さんの感情がそのまま表れている感じ。言われる側からすると主観的に感じるよね。でも一方でそれは一緒にのめりこむ主体として映るのかもしれない。

老田：自分をさらけ出すというか、感情を包み隠さずにぶつかっている感じですよね。これはTシャツをつくったSに（境界が曖昧になって）佐藤さんが没入したことにより起きた出来事ではないですかね。一体化というか、Sの世界に佐藤さんが入り込んだ結果、感情が湧き上がってくる。

教師としての判断と自分としての判断

相良：騒がしいクラスに馴染もうと努力してきたSが、自分のデザインしたTシャツが切られたことにがっかりしているようすを佐藤さんは見ていた。そんなSの思いを（どこまで見えているかは確認もせずに）結果的に踏み荒らした生徒に感情的になっている。

老田：確かにこの場面、自分なら自分の感情よりも説諭するみたいに動く気がします。「Sの気持ちわかる?」というように、私に見えている状況やその背景をTシャツを破った生徒に知らせていこうと関わる気がします。

相良：老田さんはなんでそうするの?

老田：なんか…教師の役割というか、なにか教えなくてはというか…、なんか、そういう意識が働くからかもしれないですね。教えなきゃっていう感情になってしまいそうな気がします。

相良：おもしろいね（笑）だって、冷静に説諭するではいけないかもしれないって今振り返っているんだよね（笑）

老田：そうですね（笑）佐藤さんの実践を読んでおもうのは、自分はどこかで分離している言動がある思う、ということなんですよね。

相良：なるほどね。その分離を、教師という自分と、老田望という自分の分離だとして、この場面、佐藤さんは教師という判断を探るというより佐藤りかで現れている。でもそのことが、生徒の当事者性を呼びかけているのではないか、ということでしょ?だから、この分離（区分け）が自分には常に働いているかもしれないことを反省的に振り返るという。

老田：（笑）そうですね。

相良：大事な振り返りだと思って聞きつつも、自分は、佐藤さんにその区分けがないとは思わないんだよね。実践記録を通して言うとね。

老田：なるほど

相良：学校祭になってはじめてでてくる「部長」という役職。なぜ、学校祭から部長職を取り入れたのか、というところに教師としての判断を感じる。

老田：でも、その前のよさこいにもリーダーは呼びかけますよね。

相良：確かにそうだけど、この時は各班から一人選出という方法にしてる。クラス全体から希望者を募るよりも（集まらない）リスクが少ないやりかたで。でも学校祭では、全員から希望者を呼びかけている。次の体育祭でも部長制度は継続。部長選出に関わって候補者への根回しがなかったようすが、Kがムカデ部長に立候補したことに驚く佐藤さんや生徒のようすから伝わってくる。つまり、こうして候補者は出ているし、「誰でも部長はできるという感じがクラスの中に広がっ」ていく機会に体育祭をつなげられている。だから2年では部長職に委ねる権限や領域を広げている。これって教師が面倒だから生徒に委ねるのとは真逆の判断。「教員側がやってしまった方が楽だが、どんな小さいことでもプロジェクトチームに相談して決めることにした」とあるように、ただ佐藤さんが楽しいことをやりたいという話ではない判断が働いていると思うんだよね。

老田：なるほど

相良：2年次の見学旅行で、あまりにも興奮している夕食時のようすから校長が夜の海活動をストップにかかった場面では、一緒に活動するのとは異なる関わりになっている。佐藤さんは「中止しよう」と校長と同じことを伝えている。でも、部長の3人が対応策をもって跳ね返ってくる（ことを佐藤さんは喜んでいる）。生徒と一緒に活動して、自分の感情に正直で、というような佐藤さんのナラティブとは異なる実践がある。目の前の生徒（集団）が、どこまで自分（たち）で自分（たち）の活動に取り組めるかを、しかけ、委ね、時には壁となりながら観察し関わる実践の知を感じる。

楽しさが深まっていく条件

老田：聞いていて思ったのは、楽しさって、瞬発的なものから、しんどいことや苦しいことも含め没頭できたり、主体的に関わって没入できる楽しさもあって。そのように楽しさが深まっていくための条件を、佐藤さんは感知していて。でも、こうなったら楽しくなるという条件というか、生徒の主体が止まってしまう条件もまたなんとなくわかっている感じがして。だから「楽しくなく」ならないように、選べそうなことを委ねたり、没頭しうる価値のあるものを提案したりとか、瞬発的な楽しさは実験的にやってみるというか。段々やっているというより、時期的にというより、散りばめている。こうした佐藤さんの…判断？があるのかなと。そう考えると、それは感覚的で曖昧なものではなく、教師としての佐藤さん実践がある気がしますね。

相良：そう思うんだよね。いまの、「瞬発的な楽しさを段々というよりも散りばめてる」ってどういうこと？

老田：例えば、遠足は、瞬発的な楽しさの行事なのかなと思ったので。

相良：なるほど。他学年はすでに廃止している遠足を、授業時数問題として批判を受けながらも、なぜ3年連続実施したのか。出かけてただお弁当を食べるだけではつまらないからプロジェクトにして教員を審査員に位置づけたのはなぜか。こう考えてみると、佐藤さんは、居心地良くいれる人と過ごすだけでは得られない機会をつくっているのだと思う。しかも「先生達もきっと生徒を好きになってくれる」とあるように、生徒だけでなく生徒と教員とが混ざる機会にまで広げてる。教員からすれば生徒が考えつくったカレーを持ってきてくれるわけじゃん。授業とは異なる見え方が可能になるきっかけになっている気がするんだよね。それは佐藤さんの通信の位置づけにも表れてる。教育委員会の了承を得ていたにも関わらず管理職によって生徒の計画が中止とされたとき、佐藤さんは生徒の声を載せる通信を誰より教員集団に配っている。これもまた、日常とは異なる見え方で生徒の姿が立ち現われる機会を意図的につくっている。こうして考えてみると、遠足は瞬発的というよりも政治的にしかけている。

老田：生徒が教員に対してわがままになっていけたというのも、なんか、佐藤さんの中に楽しさが深まっていくための条件として、他者との出会いというか、他者との間で自分らしさがだせるというか、他者の面前に自分をだせるというような機会にしている。それまでの見え方が変わっていくような機会が、「楽しい」が深まっていくと考えその場を創っている。

失敗を引き受けられる集団

相良：老田さんがいう条件のようなものへの覚悟が佐藤さんにはあるよね。だから初日からバレーボールをしかけられる、と言えるのかもしれない。この場は無意味ではない！と思える何かがあるからだと思う。佐藤さんはそれをどういうことばで言ってたっけ。

老田：生徒は「決定する権利が与えられることで、行事も学校生活も自分のものとなっていった」ってありますね。

相良：なるほど。生徒が決定する権利が条件だというけど、ここまで分析してきて、老田さんならここどう言う？

老田：…そうですね。決定するとか、主体的に取り組むということと同時に、(生徒集団が)自分たちでやることを決めたときに、失敗することやうまくいかないことを、関わる不安とか苦しさとかも引き受けて、受け入れて…というか、そういうのが保障されていくなかでやれている。

相良：ようするに「私がなにを決定できるか」というよりも「まわりがどう引き受けられるか」を佐藤さんは大事にしているのでは、ということ？

老田：そうですね。ムカデ部長にKが手を挙げるのは、やっぱり失敗してもまわりに助けてもらえるとか、責められないとか、そういう確信があって立候補したのだと思う。Kのなかでの楽しさがまさに深まっている場面だなと。

相良：誰でも部長になれるし、部長だけ責任を負ったり傷つくようにはならない生活指導実践だよね。それがどう実践されているのか、さらに探っていきたいですね。

みんなと私の距離

逸見　遙

はじめに

マイノリティとは、個人の状態を指すというよりも、集団の中で自覚することを指すと考えています。あらゆる対話を面倒くさがる傾向にある現代において、私の考えは思い込みではないのかなとも想うのです。私は「人はそれぞれに複雑な事情を抱え、組み合わせによってはマイノリティに誰しもが成り得る（もしくはすでに陥っている）。故にマジョリティもマイノリティもいない」と云えるのではないかと考えています。

変わり者と呼ばれて

私は「変わり者」とこの27年間言われ続けています。おそらくこの先も言われ続けるでしょう。この気持ちは何となく理解できるのです。なぜなら、まわりからすれば「変わり者」なのだろうという自覚があるからです。左利きであることや精神保健福祉手帳を交付されていること…と際限が有りません。しかし、私が「変わり者」だと自覚する所以はこのように言葉になる部分だけの話ではないと思っています。所以は自分が普通であると思っている人の視線を感じ取ってきたからです。なぜ「普通」でないかと私に確認することもなく、個人的に普通の観点から印象付けして距離を取るのです。

「みんな」が口癖になった時

「変わり者」であることを自覚したのは、小学4年生時での美術で芸術展に展示する作品に取り組む時間でのことでした。４週間の授業で模造紙一枚にどんな表現でもいいので描いてみる。最初は一枚で描き始めましたが、楽しくなり先生もそれを喜び、どんどんと描いていると最終的に模造紙を十枚使って2メートルほどの絵になっていたのです。のめり込む私の様相に同級生が後ずさっていることに気づいたのは描き終わった後でした。周囲から受ける畏怖の感情を言葉なしに実感したのです。美術展でその絵を観た保護者は親と担任に向って「精神科に連れて行け」と口々に言っていたそうです。しかし先生と親は、理解されにくい「発達障害というレッテルを貼りたくない」という思いから周囲の批判が私の耳に入らないよう配慮してくれていました。

それでも感じます。以降、自分の見られ方にとても敏感になり、人と違う自分を隠すようになっていきました。私の口癖は「みんな」になりました。決まって親や先生には「みんなって?」と言われました。

「みんなの中の一人でいたい」その核心は誰にも話せずに思春期を終えてし

まいました。

人に傷つけられ、人に救われ生きる

私は一人になった時に「一人反省会」をします。「希求行動」に対するハードルが高く、鬱気味になると特性の負の面である「反芻傾向」が現れ、自分の中だけで話を膨らませ、自分を追い込んでしまうのです。そういう時に心を整えてくれるのは安心できる人との対話です。

一方で、私が長らく抱えている寂しさは、ひとたび「変わり者」と距離を置かれると、以降、ほとんどの場合、歩み寄りがないことです。なんとなくイメージが定着するとそのままに決めつけられてしまうのです。人は多面体であるはずなのに。

社会に出て十年ほどの間に僕が身につけたものは、弱さを他者に気付かれないように理論武装することでした。自分の寂しさは肥大するだけなのに。それだけみんなになることを諦められなかったのです。「強くあらねば」と演じ続けたと同時に、自己との対話をやめました。その結果として精神的に二極化し、二十歳の時に心身共に動けなくなりました。結果的に精神科にかかることとなりました。

この一連の過程は私の力で解決できたでしょうか。親や先生だけで解決できたのでしょうか。何故そこから脱せなかったのか。大きな要因の一つに私がそうであったように「みんな」という枠組みから外れることの恐ろしさがあります。その枠組みを基準にした価値観による印象から他者を判断し、それ以上の実際が目前にあることを受け止めようとしない怠慢な姿勢です。多面性を探ろうとも知ろうともせずに、一方的に、特別な側面をみて「共感できない」と判断してしまう。私のこれまでの経験に「みんな違ってみんないい」や多様性社会はどこに存在するのでしょうか。

幸い私には私が「変わり者」だとわかっていても愛してくれている人がいるから今も生きて来れています。愛されたいのなら、まず自分から愛することで自然に愛されます。

おわりに

大人が寂しさを覚えるように、子どもも孤独です。それが慢性化している現状の中だからこそ、なんと声をかけていいかわからずとも大人が関わることを諦めないでほしいと思います。関わり合いに正解はありません。しかし、真摯に関わることで、そして、声をかけることで変わる何かがあると私は信じます。

言葉の力を信じるということ

牧口誠司

『シモーヌ　フランスに最も愛された政治家』
監督　オリヴィエ・ダアン
2022年　フランス映画　140分

　その人の名前は、かすかに記憶にある程度だった。確かフランスの女性政治家だったかというぐらいで、その人の生い立ちも、業績も知らなかった。だから圧倒された。こんな人がいたのかと。シモーヌ・ヴェイユ。1927年生まれ、2017年没。映画の副題に、「フランスに最も愛された政治家」とある。

　しかし物語は、時間軸をまっすぐには進まない。1974年のパリであったり、1950年のシュトゥットガルドであったり、あるいは1945年のアウシュビッツであったり。

　映画の冒頭、保健大臣として中絶法を成立させようと、シモーヌは国会で演説をする。反対派は彼女を罵倒し、彼女をナチス呼ばわりする者まで現れた。しかしシモーヌはひるまず、「中絶が悲劇だというのは女性に聞けば十分です」と訴えかける。激しい論戦ののち、保守派の議員の「中絶には反対だが、法案は支持する」との発言もあり、中絶合法化法案は可決される。

　映画は様々な時代を行きつ戻りつしながら、シモーヌの様々な業績を描き出す。エイズ患者と面会して国連のエイズサミットを実現させたり、司法官として刑務所の劣悪な環境を改善したり、欧州議会選挙で女性初の議長に選出されたり。どれも平易な道筋ではなく、夫の無理解に足を引っ張られることもあれば、「女性だから」という偏見にぶつかることも。

　映画は時折、戦時中の情景を描写する。フランスにいながら、密告者の通報で母や姉とともにドイツの秘密警察に捕まり、強制収容所に送られる。そこで観客は、シモーヌがユダヤ人であり、アウシュビッツにおける過酷な運命を生き抜いた人なのだということを知る。収容所では子どもはすぐに殺されてしまうのだが、監視員が16歳のシモーヌに「18歳だと言いなさい」と忠告してくれたり、また別の監視員のおかげで母や姉とともに軽労働の収容所に移ることができたりといった幸運にも恵まれる。けれど収容所時代、死は過剰なまでに身近にあり、最愛の母も衰弱して死んでいく。共に生きて収容所を出た姉もまた、その数年後交通事故で亡くなってしまう。

この、あまりにも過酷な運命を生き抜いたシモーヌは、その経験を力に変える。卑劣な野次に対して「あなたたちなど親衛隊に比べたら脅威でもなんでもない」とスピーチし、ホロコーストの体験についてはテレビ出演してインタビューを受け、自らの経験を言葉にして後世に伝える。その言葉は人々の心に刻まれ、また彼女が成立させた法案で救われた女性たちは、彼女を街で見かけると次々に感謝の言葉を述べてきた。そんな風に、シモーヌは自らの体験を踏まえ、人々の声を味方につけて、平和や人権といった普遍的な価値を実現していく。

この映画を観ながら、RBGのことが頭をよぎった。ルース・ベイダー・ギンズバーグ、2020年に亡くなったアメリカの連邦最高裁判事である。彼女もシモーヌ同様ユダヤ人であり、シモーヌのように女性であるがゆえの不当な扱いに直面しながら、弁護士として女性差別を違憲とする画期的な判決を連邦最高裁で勝ち取るなど様々な裁判を闘ったのち、当時のクリントン大統領により、連邦最高裁の判事に指名される。彼女のことは、『ビリーブ未来への大逆転』と『RBG 最強の85才』という二本の映画になっており、どちらもお勧めである。

ただし、RBGにしろ、シモーヌ・ヴェイユにしろ、「世界にはすごい人がいる」といった他人事のような気分で、感動を消費してしまってはいけないとも思う。彼女たちが闘った課題は、今私たちが暮らしている社会にも存在する。私たち一人一人が、それぞれの立場で、その課題とどう向き合うかということが問われているのではなかろうか。

この映画の冒頭とラストでは、シモーヌ・ヴェイユ本人のスピーチが用いられている。経験を伝えるのも言葉、世の中を変えていくのも言葉。言葉の力を信じ、言葉によって社会正義を実現していった。彼女は自叙伝を遺しており、それがこの映画の原作とも言える作品なのだそうだ。映画で描かれる彼女の言葉の力強さ、高潔さに感動する一方、私たちの国では、政治の世界でも、ネット空間でも、なんと言葉が軽んじられているのだろうかとも思う。

シモーヌ・ヴェイユが亡くなった後、国葬が執り行われ、今は国廟パンテオンに眠っている。もしも彼女が今も存命であったならば、現在起こっているイスラエルとパレスチナの争いを、どんな眼差しで見るのだろうか。

た子どももカワイイものがすきで、一緒に工作したり、人からいただいたり、気が付いたら家じゅうにカワイイものがあふれていた。

段ボールでつくった
ぬいぐるみ小屋

子ども作の絵　かざっている

シマエナガと　子どもと作った
羊毛フェルトの「トリちゃん」

絵本と文庫本

小学生のとき、「図書」の時間がたのしみだった。先生に干渉されずに、自分のペースですきな本を選んで読めたのが良かった。図書室に表紙が見えるタイプの絵本棚があって、その絵本棚の絵を眺めるのも飽きなかった。

眠る前に子どもに読み聞かせをする。絵本には、型や常識にとらわれない奇想天外な登場人物がいっぱい出てくるので、笑いながらも、なんだかほっとする。

文庫本は、通勤の合間に気軽に読めるのがよい。これも時間はほんの5分ぐらいだけど、この時間は、自分とはまた違う人生を生きられる。胸の奥がじんわりとする。

小説家・井上靖氏のすきな言葉がある。
「千個の海のかけらが　千本の松の間に　挟まっていた
少年の日　私は　毎日　それを一つずつ　食べて育った」

井上靖は、少年の日、沼津の千本松原で育った。私も、色々なほっとするものが、幼い頃の自分にルーツがあるのだなと、発見だった。

最近のお気に入りは
長谷川義史氏の
『いいから　いいから』
奇想天外なおじいちゃんが出てくる

濱さんは、数年前から機関誌グループに所属され、一緒に本誌をつくっています。その活動を通して、私が抱いている濱さんのイメージは「誠実で、芯が強く、懐の深いひと」です。その実践は生徒を大事にした粘り強いもので、熟考のうえ選ばれた言葉には重さと鋭さが宿っています。子育て期真っただ中にいながら、できる限り都合をつけてZoom会議に参加してくれます。グループのメンバーはその本気度に勇気を得たり、時々画面に顔を覗かせてくれるお子さんの、伸びやかで愛らしいしぐさに癒されたりしているのです。

今回もカラーでお届けできないのが残念でならないほど、濱さんのイメージにぴったりの、美しい写真ばかりです。

（見波由美子）

ほっとするとき

今回は、東京の
濱裕子さんの「ほっとするとき」です。
＊写真は全てご本人より提供いただいたものです。

川

いちばん身近な多摩川

幼い頃、釣りずきの父に連れられてよく川に遊びに行った。

虫も魚も鳥も、仲間だった。

アメンボと追いかけっこして遊んだり、死んで流れてきた小魚さえ、手に握ったりして泳いでいた。

とても魅力的な川だけど、水中メガネ越しに薄暗い川底を見ると、いつも得体の知れない異世界を見るような感覚もあった。

川で一日過ごすと、夜に布団で眠る時にも、耳に残った川の音と、心地よい水流の感覚が体に残っているのが感じられて、それも気持ちよかった。

今でも川がすき。毎日多摩川沿いをバスで通る。朝はバタバタしてしまうことが多いけど、バスに揺られながら見る多摩川の景色や水鳥にほっとする。

それがほんの5分でも。

夕陽と月

大学時代の文化人類学ゼミの恩師が話していた言葉が忘れられない。恩師は研究の世界に入る前、大手銀行に勤めていた。ある日の勤務中、勤務先のビルに夕陽が差し込んだ。とても綺麗な夕陽だった。恩師は思わず見とれてしまった。

「その時にね、周りの誰も、綺麗な夕陽を見ないんだよ。」その後恩師は、銀行を辞めた。

美しいものを見た時には、どんなに忙しい時でも、一瞬でも足をとめて、その美しさに感動していたいと思った。

最近、高校時代の友人が突然、旅立ってしまった。帰り道によく月を見上げる。美しい月を見ると、その友人を思い出す。

お気に入りの夕陽スポット

カラフルでカワイイもの

生まれ育った場所が、古着と雑貨の街だった。カラフルなお店に、ワクワクした。

その影響なのか、カラフルでカワイイものがすき。生まれてき

BOOK GUIDE

18歳を市民に

みんなで読むと、いろいろ見える

『こども六法』

著者　山崎総一郎
弘文堂
2019年発行
定価 1,200円＋税

この本は、「『法律を誰でも読める文章に直す』という単純な発想の本」と紹介されている。字が大きく、動物の絵が入っていて非常に読みやすい。また、「その一言が罪になる」「罰金は国に払うお金だよ」など、とても分かりやすい。

今年、私の選択講座に個性的な人達が沢山やってきた。飲酒や喫煙、不眠、気分の落ち込み、落ち着かない、集中できない、欠時数が多い…。そんな生徒達と話していると、「こんな奴はボコされて当然」「キモいもの（人）はキモい」「友達に罰金払った」「ああいう奴はクズ」など、「そこまで言う？」ということを口にする。しかしその「こんな奴」には自分自身を投影させているのだ。つまり、彼らは、他人の悪行を非難しながら、自分自身を傷つけているのだと思う。誰だって、大切にされる権利があるよ、まずは、あなたが自分を大事にしなよ、この本を使いながら、そんな授業を少しだけできました。

（古川優子）

入管制度に翻弄される家族の愛の物語

『やさしい猫』

著者　中島京子
中央公論新社
2021年発行
定価 1,900円＋税

この物語はNHKでテレビドラマ化されたので、あらすじや評判をご存知の方が多いと思う。だが、この本を手に取って最後まで読んだあと、驚かされたのはその「参考資料」の膨大さと協力された方々の多さだった。作者が、この物語を通して読者に伝えたいことがどれだけ深いものであるかが、しのばれた。

物語は保育士のシングルマザーミユキさんと、スリランカからやってきている自動車整備士のクマさんが愛を育んでいく様子がミユキさんの一人娘であるマヤのことばで語られていく。ところが、クマさんが、在留資格を失ってしまい、入管に拘束されてしまった。残された家族は、クマさんを取り戻すために、入管と闘うことになる。この物語を読み進めると、何も知らなかったミユキさんやマヤと一緒に、読者も日本の入管制度についても、入管法についてもその内容、問題点を知ることになる。そんな一冊である。

（地井　衣）

大げさでなく、すべての大人たちに読んでほしい

『ゆっくりでいいんだよー　ー不登校と子どもの声ー』

著者　鈴木はつみ

新日本出版社
2023年発行
定価 1,800円＋税

　この本は、副題が「不登校と子どもの声」となっている。が、タイトルの「ゆっくりでいいんだよー」に、メッセージの全てが凝縮されている。不登校を考えることは、人間らしく生きることを考えること・みんなの問題であることに、気づかせてくれる。筆者は、学校事務員として、子どもの権利条約第31条「遊びと文化と自由な時間・空間」を保障する権利の大切さを、教室の子どもたちに訴える。その想いは周囲の大人や行政をも動かし、子どもたちの願いの教室内で「寝っ転がれるスペース」の設置の実現などにつながっていく。また、ご長男の不登校経験と、転学先の鳩間島での再生のエピソードも、惹き込まれて読み入ってしまう。「遊びは学び」であり、「本物さ」が満たされる体験、大人との様々な関わりが、深く強く生きる力となったことがよく分かる。本誌215号の特集2「『不登校』から生きづらい社会を問い直す」と併せて読まれたし。　（濱　裕子）

現場のストーリーを語り、描き、伝える

『ユースワークとしての若者支援　―場をつくる・場を描く―』

編者　平塚眞樹
著者　若者支援とユースワーク研究会
大月書店
2023年発行
定価 1,800円＋税

　当書には日欧の若者支援の実践とそこで過ごした若者の声などが掲載されている。それらから、若者の成長のプロセスには、安心して自由に集えて、主体となって活動できる「場」や、そこに専門性を持って伴走できる「大人」の存在がいかに不可欠であるかがわかる。

　夜間定時制で教える私は、過度に社会適応を迫る「学校」から排除され、出会い、学び、経験を積む「場」を奪われたまま生きてきた生徒たちの、抱え込まされてきた困難を目の当たりにし、たじろぐことがある。

　実践を書き、経験を他者と共有し、問題を「個人の意識」に押し込めずに、生徒や保護者や同僚と対話しながら社会構造を問い直すという高生研が大事にしてきたことと、ユースワーカーのそれとは重なる部分が大きいと感じた。

　学びや気づきの鏤められた一冊である。

（見波由美子）

自分の人生を他者と共に良く生きることと捉え、社会や政治を問いなおす

『求められる家庭科の変革　―高校家庭科教科書の検討から―』

編者　高校家庭科教科書検討会

ドメス出版社
2023年発行
定価 1,700円＋税

　本書は、ケア、ジェンダー、性の多様性、家族、ＳＤＧｓ、食料問題、気候危機、金融教育などの主題を、批判的網羅的に検討し、家庭科に限らず授業づくりの参考になる。

　また教科書の拠って立つ学習指導要領を検討し、品質管理の手法であるＰＤＣＡサイクルが「強化」され、自己責任論につながる「自立」が強調され、「見方・考え方」が道徳を生徒に押し付けるものとなっていると鋭く指摘する。

　執筆者の一人である望月一枝は「どのような家庭科教育が求められているか」を問い、母が自死したアンナを地域の学習支援者が支える実践や、離婚を経て父子家庭となった生徒の私的な思いから語り合うことで「父子家庭への福祉」が必要だという発言が導き出された自身の授業実践を紹介しながら、「社会の課題に応じる教育」ではなく、「自分の人生を他者と共に良く生きること」と捉え、社会や政治を問いなおす教育が必要であると主張する。　（藤本幹人）

編集後記

★今号は特に産みの苦しみが強かったですが、その分、編集メンバーの議論する機会が増え、それぞれのスタンスや大事に思うことを互いに知る良い機会になったような気がします。丁寧にすり合わせ、読んでくださる方はもちろん、書いてくださる方にも満足度の高いものをお届けできたら嬉しいです。現場で傷ついている人とともにありたいと思いながら、本誌の紙面づくりをしています。(見波由美子)★有田さんに代わって老田さんと特集1佐藤実践の生活指導読み解きに挑戦しました。各特集の実践分析を担当した伊藤さんと小波津さんと他編集委員とで実践理解を深めました(一つの理解にまとまっていくという意味ではなく)。この過程で、実践の実際に接近するとはどういうことなのか、考えました。(相良武紀)★学習法的生活指導と訓練論的生活指導という言葉があります。学習法的生活指導とは、自己そのものを学習させ、子どもの自己実現をめざすもの、訓練的生活指導は、子どもが社会的実践主体として社会に参加し、実際の行動のなかで子どもを成長させようとするものです。「プロジェクト」はまさに社会参加を促すものであり、「学び」はまさに社会参加の中でこそ身につくのではないでしょうか。(藤本幹人)★竹原さんから見てきたばかりのことも含めてスカースデール高校Aスクールのことを教えていただけて、その運営にもコロナ禍の影響が見られることを知りました。私の職場の大学では2020年に入学したため心配していた学生たちが4年生になり、卒業論文に取り組んでいますが、より遅く入学した学生のほうがコロナ禍の影響を受けているようだと感じています。高校で自治的な活動が制限されたからではないかと推測しています。(杉田真衣)★「ハラハラドキドキするところに実践は成立する」と思って、それを楽しんでいた私ですが、今号は本当にハラハラでした。お忙しい中、研究論文をお寄せいただいた小玉亮子先生、山田綾先生ありがとうございました。編集長の見波さん、副編集長の相良さん、編集実務一切を受けてくださった地井さんに助けられました。(望月一枝)★夏の3日間の大会ではたくさんの出会いがありました。自分がちょうど高生研を知った頃の高校生が立派な青年になっていて、仲間として出会い直しをしました。教員として、とてもしあわせな経験をさせてもらっていると思います。これからも楽しみです。(濱裕子)★実践者や研究者が1行1行身を削る思いで書いてくださった原稿を校正するために何度も読み返します。その都度、心打たれる珠玉のことばの数々に出会い、今号も素晴らしい内容の原稿ばかりですごいなあと感嘆します。教員志望の学生が生徒の心に響く言葉をかけることができる教員になりたいと言っていましたが、そういう言葉が満載の217号です。(前田浪江)★初めての実践分析論文を書き上げるまでの間にみなさんから手厚くサポートをしていただきました。いつも伴走してくれる誰かが居て、安心できる環境で原稿が執筆できるということの大切さを感じました。機関誌発行のために裏で奔走している方々に改めて感謝します。(小波津義嵩)★依頼を受けたときは、毎回(余裕で大丈夫)と思うのですが、気がつけば締め切りギリギリで焦りだし、結局締め切りを延ばしていただくことが続いていて、編集の地井さん、前田さんにはご迷惑をお掛けしてばかりいます。それでも、何とかひねり出した文章を読んでいただいてOKをもらえると、書いてよかったなと思います。言葉にすることで、今まで形にならなかったものが見えてくることはあるものです。(牧口誠司)★誘われて赴いた成城大会で、たまたま編集会議にお呼ばれしそのまま編集会議に参加して流れで編集Gに入りました。連載も伴走も初めてでとても面白かったです。全国フォーラムなどでは知れない日常の話などを聞けることやしたいことと実際にできることのジレンマなど様々な思いを抱えて、それでも実践し続けることの面白さと真摯な姿勢に自分も震わされました。遅くなりましたが編集Gに入りました、逸見遥です、よろしくお願いします。(逸見遥)★綱渡りのような編集作業を経て、みなさまのお陰で無事発行できます。著者、編集G各位に感謝します。(地井衣)

今後のよい紙面作りのために本誌への感想・ご意見・ご要望はこちらから

高校生活指導　第217号
2024年3月1日発行
編　集　全国高校生活指導研究協議会
編集長　見波由美子
henshuuchou@kouseiken.jp
発　行　全国高校生活指導研究協議会
発　売　教育実務センター
東京都千代田区三番町14―3　岡田ビル4F
電　話　03（6261）1226
FAX　03（6261）1230
印刷・製本　電算印刷株式会社
（年2回発行）